시키는대로 책쓰기 플래너 2

90일 종이책 작가되기

약표제지

시키는대로 책쓰기 플래너 2
90일 종이책 작가되기

지은이 김지혜(올레비엔)
지은이 이메일 bnseoul66@gmail.com
디자인 김지혜(올레비엔)

발 행 2023년 08월 01일
펴낸이 한건희
펴낸곳 주식회사 <부크크>
출판사등록 2014.07.15.(제2014-16호)
주 소 서울특별시 금천구 가산디지털1로 119 SK트윈타워 A동 305호
전 화 1670-8316
이메일 info@bookk.co.kr

ISBN 979-11-410-3727-7
가 격 22,000 원

www.bookk.co.kr

*이 책은 메타버스 정기모임 <90일 작가되기 프로젝트>를 통해서 출간된 책입니다.
*본문에 적용된 서체는 <부크크>체를 사용해서 제작되었습니다.

*이 책은 A5판형 백색 모조지 100g 내지로 POD방식으로 제작되었습니다.
*표지는 스노우 250g 무광코팅으로 제작되었습니다.
*편집은 한컴오피스 한글에서 편집 제작되었습니다.

판권지 (간기면)

시키는대로 책쓰기 플래너 2

90일

종이책
작가되기

김지혜(올레비엔) 지음

표제지

BOOKK✐

머리말

글을 쓴다는 것/ 글을 쓰는 것은 나에게는 가장 자유로운 표현법의 하나다. 말하는 것은 늘 긴장되었고, 노래를 부르는 것은 항상 어색했고, 악기는 제대로 다루는 것이 없었다. 그나마 대학에서 전공한 미술은 공부한 덕분에 즐거움을 잊었다.

글을 쓰는 것은 내성적이라서 다 보여주지 못한 마음을 표현하는 방법이었고, 노래하는 것처럼 폭발하는 감정을 담는 길이었다. 글쓰는 것 외에 나를 표현할 방법이 없었다. 꾸준히 개인적으로 여기저기에 글을 써왔는데, 지금 돌아보면 글이라고 할 수도 없는 형편없는 기록이 많다. 그럼에도 글을 쓰는 것은 멈출 수 없는 욕망이었다.

무모하게 도전해야 한다./ 첫 책을 쓸 때 처음으로 <90일 작가 프로젝트>를 시작했다. 혼자서는 절대 내 책을 완성할 수 없을 것 같았다. 그래서, 함께 쓸 사람을 모으고, 겁도 없이 책쓰기를 시작했다. <90일 작가 프로젝트>와 책쓰기를 모두 성공할 수 있었던 이유는 무모했고, 함께 했기 때문이다. 책을 쓸 완벽한 때를 기다리면 안 된다. 특히 원고를 기다리는 사람이 없는 무명작가는 더욱 그렇다. 일상을 그대로 살아가면서 틈틈이 책쓰기를 할 수 있는 적절한 때 같은 것은 없다. 무모하게 시작해야 한다.

　가능하다면 함께 하고, 소문내야 한다. 사람들의 눈속에 자신을 가둬야 성공률이 높아진다. 몇 번의 글쓰기 클래스를 진행하면서 쉽게 책을 완성하는 작가님들도 봐왔고, 첫 책의 무게에 짓눌려 결국 끝내지 못한 사람들도 봤다. 그 차이는 무모함과 가벼움이다. 책은 또다른 유튜브이고, 블로그일 뿐이다.

　<90일 작가 프로젝트>를 시작할 때는, 나도 모르는 책 쓰는 법을 다른 사람들에게 알려주면서 시작했다. 우리는 공부한 것을 함께 나누는 동료이면서, 서로의 감시자였다. 첫 한 달쯤 지났을 때 걱정이 됐다. 이 모든 것이 흐지부지되고 책을 완성할 수나 있을까? 우리 중에서 책을 완성하는 사람이 있을까? 앞이 깜깜했다. 어제 한글을 막 익힌 꼬맹이가 책쓰기 강의를 하는 느낌이었다고나 할까? 그런 무모함이 우리를 성공으로 이끌었다. 우리는 글쓰기의 원칙이나 비법을 몰랐고, 그저 눈앞의 문제를 하나씩 해결해 나갔다. 하고 싶은 말을 적어나갔다는 표현이 딱 맞았는데, 글의 전개나 좋은 문장 같은 것을 따지지 않고 하고 싶은 말을 책으로 담는 것이 목적이었다.

　예비작가에게 하고 싶은 말은 책은 고결한 담론이나, 대단한 지식을 담는 그릇이 아니다. 우리의 생각을 담는 그릇일 뿐이다. 내게 없는 것을 담으려고 한다고 담을 수 있을 리가 만무하다. 자신의 이야기를 쓰면 된다.

　좋은 책쓰기 책은 수없이 많다. 다 맞는 말이고, 고개를 끄덕이면서 읽는다. 막상 책을 쓰기 시작하면, 어디서부터 시작해야 할지 막막하다. 책상에 앉으면 책쓰기에 대해 아무것도 모른다는 사실만 확인하게 된다. 정확히 같은 과정을 겪었다. 누구 하나 응원해 주는 사람도 없었다. 그저 '쓴 것을 모으면 되겠지!' 하는 마음으로 그냥 썼다. 어두운 터널로 들어가는 심정이었고, 제발 끝이 있기를 기도하는 마음으로 썼다. 이제는 꾸준히 쓰면, 끝이 있다고 말해줄 수 있게 되었다.

유튜브 같은 책쓰기/ 요즘에는 재능있는 일반인들을 많이 발견한다. 특히 떡상한 유튜버들은 그들이 좋아하는 일을 하면서 부와 명예를 누리게 되었다. 문턱이 높던 방송사도 이제 일반인 유튜버에게 이제 기꺼이 자리를 내준다. 이전에는 방송 프로그램 한 시간을 내보내려면, 수많은 인력과 비용이 들었고, 그러고도 재미있기는 힘들었다. 그런데 이제 핸드폰 하나만 달랑 든 개인이 얼마든지 재미있는 이야기를 만들어 낸다.

누구나 유튜브 채널을 열고 자신의 이야기를 하듯이, 책을 쓰는 것을 꿈을 꾸는 사람, 작가가 되고 싶은 사람은 누구나 작가가 되어야 한다고 생각한다. 책은 성공을 위한 사다리도 아니고, 시장에 진열할 새 상품도 아니다. 우리가 할 수 있는 가장 자유로운 표현 수단 중 하나이다.

<90일 작가 되기>를 하면서 나는 보통사람의 삶에 반해버렸다. 사람들은 모두 다 달랐다. 우연이라도 비슷한 사람이 없었고, 인생은 천지 차이인 것 같으면서도 거기서 거기였다. 그러다 보니 네가 나였고 내가 너라는 사실이 책 안에서 우리를 하나로 묶어 놓았다.

책은 공감의 예술이다. 우리가 쓴 이야기가 공감을 얻을 때 빛난다. 아직 책은 유튜브가 아니다. 아직은 유명세나, 학벌 같은 권위에 약하다. 누구나 책을 쓰기에는 정보가 부족한 경우가 많다. 이 책을 통해서 누구라도 책으로 말할 수 있기를 바란다. 우리 중에 누군가 떡상하

기를 꿈꾼다. 보통사람도 충분히 좋은 책을 쓸 수 있고, 다양한 분야를 보통사람의 경험으로 메꿔주기를 희망한다.

책의 모순/ 우리의 삶은 거기서 거기다. TV를 보면서 유명인들도 별수 없이 삶의 굴레에 고통받고 있다는 사실을 확인한다. 그런데 책 속에서는 유명인에게 답을 얻으려고 한다. 분명 TV로 볼 때는 '유명인의 부인이 사치를 하는지?', '자식들은 사고를 쳤는지?'가 이슈가 되는데, 책 안에서는 유명인의 인생 철학이나. 노하우를 전수 받으려고 애쓴다. 왜 우리는 TV에서는 가십에 불과하던 유명인을 책에서는 선생님으로 모시는 것일까. 그것이 책이 가지는 힘이다.

오래전부터 책은 정답이라고 여겨졌다. 저자는 항상 유명하거나 부자이거나 성공한 사람이었는데, 우리는 항상 독자였다. 반대로 저자들은 꼭 정답을 쓴 것은 아니었다. 유명한 사람이라고 정답을 알 리는 없어서, 저자들은 정답으로 생각해줬으면 하는 이야기들을 썼다. 그래서 정치인이나, 사업가는 자서전을 내고, 자신을 바라보는 시선까지 독자에게 정해줬다.

책은 그렇게 독자와 저자라는 신분제로 오랫동안 나뉘어 있었다. 요즘도 유튜버로 성공할 수 있다고 생각하는 사람보다 작가가 될 수 있다고 생각하는 사람이 훨씬 적다. 뭔가 대단한 학문적인 것, 등단이라는 허락을 받으라는 암묵적인 압박이 남아있다. 작가가 되는데 허락이 필요한 시대는 지났다.

아무나가 만들 아름다움/ 사실, 세상은 매우 단순한 원리로 돌아가는데, 권위와 명예 모두 경제적 이익을 기반으로 하는 것이다. 예전에는 책을 내는 비용이 개인이 감당하기에는 비쌌고, 사회적으로도 책을 내는 비용 때문에 좋은 작가와 좋은 책을 만들어야 했다. 기회비용이 많이 든다는 것은 모험 대신 안정을 택한다는 뜻이다. 아무에게나 기회를 줄 수 없었다. 그러나 문화는 아무나를 먹고 자란다. 문화는 한계나 두려움을 모를수록 쾌락이 커지는 아름다움이다. 누구나와 아무나가 공존하는 곳이 문화이고, 이제는 책의 차례가 왔다.

1990년 한 해 동안 출간된 도서는 총 67만 권인데 1999년에 100만 권을 처음으로 넘었고, 2021년에 200만 권을 넘었다. 매 20년 동안 책 출간 수는 3배가 넘었고, 10년마다 두 배 이상 많은 책이 나오고 있다. 아마 한해 출간도서의 수가 300만 권이 넘는 순간은 앞으로 10년 안에 올 것이다. 매년 출간되는 책의 숫자만 보더라도, 책 출간에 드는 비용이 많이 줄어든 것을 알 수 있다. 오랫동안 지속해 온 작가와 독자 사이의 신분제가 깨지고 있다.

독자는 모두 보통사람/ 글쓰기 클래스를 운영하면서 항상 하는 이야기가 있다. 글은 솜씨로 쓰는 것이 아니고, 마음으로, 삶의 경험으로 쓴다는 말이다. 유명인의 삶보다 고달픈 것이 보통사람의 삶이고, 독자는 모두 보통사람이다. 우리가 우리의 삶을 논할 가장 자격이 있는 사람이다.

항상 유명 작가나 스님, 심리학자 등이 보통사람에게 삶의 조언을 해주는데 알 수 없는 불편을 느꼈다. 삶의 지혜를 빌릴 수는 있지만, 보통사람이 아니면 절대 이해할 수 없는 일상의 경험들이 있다. 겪어본 것처럼 생각하는 것과 진짜 겪어본 것은 엄연히 다르다. 아무리 다시 생각해도 보통사람의 삶을 논할 수 있는 것은 우리 자신뿐이다. 이 책을 통해서 우리가 기록할 수 있는 많은 형태의 다양한 삶이 기록되기를 꿈꾼다. 지금까지 만난 작가님들은 모두 우리였다. 우리의 삶은 모두 거기서 거기였기 때문에, 서로의 이야기를 듣는 것만으로 위로가 되었다. 거기서 거기라던 삶도 한 발 더 들여다보면 천지 차이로 달라서, 세상에 단 하나뿐인 이야기가 된다. 일상의 소소한 걱정을 해본 사람들, 별일 아닌 가정사를 넘어온 보통사람만이 우리를 이야기할 자격이 있다. 지금까지 만난 작가님들은 모두 다 다르고 같게 빛났다.

아무나 작가가 되고, 우리가 삶의 지혜를 빌리러 유명인을 찾아 나서지 않게 되길 바란다. 아무도 돌보지 않는 보통사람들의 삶이 <90일 작가 되기>와 함께 오랫동안 빛나기를 바라는 마음으로 쓴다.

2023.07. 올레비엔

『시키는 대로 책쓰기 플래너』 시리즈의 구성

수많은 책쓰기에 대한 책이 있는데도, 작가의 꿈을 이룬 사람은 많지 않다. 책쓰기의 어려운 점은 글쓰기의 기술뿐 아니라 일정 관리, 원고 작성의 실질적 과정들을 효과적으로 관리해야 한다는 점이다. 이 책은 글쓰기의 기술적 문제보다도 과정에 집중했다. 한 번도 책을 써 보지 않은 사람이 매일 학습지 선생님과 한 단계씩 문제를 해결해 나가면서 책을 완성하는 경험을 함께 하는 것처럼 구성하려고 노력했다.

『시키는 대로 책쓰기 플래너』시리즈
1편 『60일 종이책 초고완성』 초고를 완성하는 방법과 일정
2편 『90일 종이책 작가 되기』 POD 자가출판으로 책을 만드는 과정

『60일 종이책 초고완성』
45일간의 초고 쓰기, 15일간의 퇴고 후 탈고

『60일 종이책 초고완성』는 초보 작가들이 가장 어려워하는 초고를 쓰는 일정을 제시한다. 책의 주제를 정하고, 목차를 구성하고 초고를 쓰는 방법을 과제와 함께 매일 한두 시간씩 해결해 나가면 된다. 이

책의 구성은 어떻게 보면 뒤죽박죽이라고 생각될 수도 있다.

60일이라는 시간 안에 원고를 쓸 수 있게 일정을 구성하려면, 글쓰기가 무엇인지 이해하기도 전에 목차를 먼저 써야 하기 때문이다. 초보자가 몇 달씩 원고를 쓰면, 완성할 확률이 매우 희박해진다. 60일 안에 원고를 완성할 수 있도록, 당장 목차를 만들고 나서, 초고쓰는 법이나, 글쓰기에 대해서 나중에 설명한다.

글을 잘 쓰는 방법은 이 책에는 별로 없다. 하루하루 써야 하는 부분과 의미를 설명하기에 바쁘다. 일주일 동안 목차를 쓰고, 다음에는 머리말을 써야 한다는 등의 일정을 주로 제시한다. 초고를 쓰는데도, 어느 정도 방법이 있기 때문이다.

글쓰기, 초고를 쓰는 법은 사실 배울 수 있는 분야는 아니다. 작가의 언어는 누가 가르쳐 줄 수 있는 것이 아니다. 그러나, 매일 써야 하는 분량, 메모를 활용하는 법 등은 충분히 공유할 수 있다. 어려운 과정은 아니지만 혼자 해결해야 한다면, 시행착오를 거치고, 시간 낭비를 할 수밖에 없다. 나와 <90일 작가 되기>의 작가들이 책을 쓰면서 했던 고민과 시간이 가져다준 노하우를 함께 담았다.

『90일 종이책 작가 되기』
내지 편집: 한글프로그램 - PDF 파일
표지 디자인: 미리캔버스 - PDF 파일
등록: <부크크>
유통:yes24, 교보문고, 알라딘 등 온라인 서점

『90일 종이책 작가 되기』의 특징은 출판이나 디자인에 문외한인 사람도 스스로 자신의 책을 완성할 수 있도록 가장 쉬운 방법으로 책을 만든다. 한국인이라면 <한글 프로그램>을 사용하지 못하는 사람이 거의 없으리라 보는데, 한글을 이용해서 내지를 편집한다. 한글에는 기본적으로 책 편집을 위한 기능들이 들어있다.

표지는 <미리 캔버스>라는 디자인 플랫폼을 이용해서 만들게 된다. 처음 <미리 캔버스>를 사용하는 사람이라도 쉽게 배울 수 있다. 이렇게 완성된 책은 POD출판 플랫폼 <부크크>를 통해서 등록하고 출판하게 된다. (Publish On Demand:POD 방식은 1권씩 인쇄해서 판매하는 주문 후 생산 방식으로, 비용이 전혀 들지 않는다.)

<부크크>에 등록하면 교보, 알라딘, Yes24 등 온라인 서점을 통해서 판매도 가능하다. 책 편집에서 판매까지의 모든 과정이 담겨 있다.

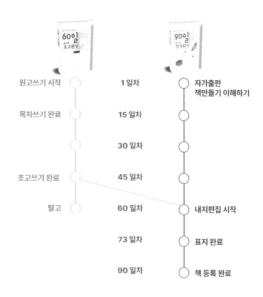

『90일 종이책 작가 되기』,『60일 종이책 초고완성』은 서로 연결되어 있다. 초반 원고를 쓰는 60일간은 원고를 쓰기 전에 『90일 종이책

작가 되기』의 자가출판 과정을 읽으면서 진행하면 된다. 원고를 쓰는 60일 동안 두 책은 같은 숫자로 연결되어 있다.

01 책을 왜 써야 하는가?   **01** 마감 정하기

　같은 숫자의 챕터는 같은 날짜에 동시에 보면 된다. 1~60일까지는 두 권을 동시에 보고, 61일부터는 『90일 종이책 작가 되기』만 보면서, 책을 편집하고, 표지를 디자인하고, 등록하는 과정을 남은 한 달간 마치면 된다. 두 책은 서로 연결되어 있으면서도 필요한 책만 선택할 수 있도록 독립적으로 완결하려고 했기 때문에, 불가피하게 겹치는 내용이 있을 수 있다. 두 권을 매일 동시에 진행하면 온라인 책쓰기 수업에 참여하는 것과 완전히 똑같은 과정을 수행하게 된다. 자가출판의 프로세스를 배우면서 원고도 쓸 수 있다.

네이버 카페 - 책쓰기: 90일 작가되기 프로젝트
https://cafe.naver.com/90day

90일종이책작가 되기

01일차
원고와 출간방법

16일차
책이란 무엇인가?

30일차
자가출판과 책의 구조

46일차
내지 편집

54일차
편집에 필요한 한글

66일차
표지만들기, 미리캔버스

시키는 대로 책쓰기 플래너 2

90일

종이책
작가되기

이 책을 읽고 있다면 책을 써야겠다는 결심은 이미 섰을 것이다. 책을 어떻게 써야 할까를 고민하고, 자료도 찾아보다가 우리가 만나게 되었을 것이다. 나도 정확히 그런 과정을 지나왔다. 책을 쓰고 싶었다. 나만의 이유는 있었지만, 누가 시키지도 않았고, 일상에 지장을 주지 않으려고 노력하면서, 없는 시간을 내서, 아무도 기다리지 않는 책을. 떳떳하게 자랑하지도 못하면서 써야 했다.

> "나의 깊이를 아는 사람은 오직 나뿐이다.
> 비범함은 평범함이 무수히 반복된 끝에 드러난다. "
>
> -다산 정약용의 논어 고금주-

　책을 쓰고 싶은 이유/ 이 문장은 책을 쓰고 싶은 이유이자, 책을 써야 하는 이유였다. 가장 가까운 사람과도 완벽하게 서로를 이해하면서 살기는 쉽지 않다. 가까운 사람 사이에도 이해보다는 양보가 쉽다. 이렇게 생각하면 세상이 쓸쓸해진다. 나의 내면을 이해하는 사람이 있을까? 쓸쓸하게 외로운 것이 인생이라며 자조하는 대신에, 글쓰기를 선택했다. 구구절절 내 생각과 마음을 설명하기로 마음먹은 것이 쓴다는 행위이다. 이해받고 싶어서 택한 글쓰기는 나와 세상을 잇고, 사람과 사람을 연결한다. 글을 쓰는 것은 방구석에서 세상과 단절한 사람의 취미 같지만, 강력한 소통의 창구이며, 적극적으로 나를 드러내는 일이다. 심지어 스스로도 몰랐던 진심을 확인할 수 있는 것이 글쓰기다. 나의 깊이를 드러내기로, 세상과 소통하기로 결정한 것이 글을 쓰는 이유였다.

책을 써야 하는 이유/ 평범함 밖에 없는 사람이 비범해지는 방법이 책을 쓰는 것이다. 논어가 말하는 비범함은 타고나는 것도 특별한 능력도 아니다. 평범함을 갈고 닦는 것, 우리의 경험을 가치 있는 것으로 만드는 것이 비범함이다. 처음부터 특별한 것은 안무것도 없다. 경험을 가치 있는 데이터로 바꾸는 것, 그 가치가 경력의 시작이 되는 것이 바로 책쓰기다. 평범하고, 내세울 것이 없는 사람일수록 책은 위력을 발휘한다. 학위, 자격증, 경력 사항으로 증명할만한 자격이 하나도 없는 사람이라도, 책 안에서는 얼마든지 실력을 입증할 수 있다. 책은 어떤 편견 없이 깊이를 쉽게 드러내는 매체이기 때문이다. 평범한 사람일수록 책은 비범함을 만들어갈 수 있는 강력한 무기가 된다.

TODO LIST 책을 써야 하는 이유를 구체적으로 적어보자. 책을 써야 하는 이유에서 책의 컨셉과 타겟을 찾을 수 있다.

DAY 02 90일이 너무 짧지는 않을까?

온라인으로 <90일 작가 되기> 강의를 시작할 때마다, 많이 받는 질문이 있다.

"90일로 가능할까요? 90일이면 대충 쓰는 것 아닌가요?"

책을 쓰기 전에는 90일이 짧다고, 겨우 그 정도 정성으로 책을 낼 수 있을까를 의심한다. 그렇다면 책을 위해서 얼마나 집중할 수 있을까? 현실적으로 생각해보면 문제가 쉬워진다. '지금 하는 일을 그대로 하면서 남는 시간은 모두 책쓰기에 집중해야 하는데, 얼마나 그런 생활을 유지할 수 있을까?'

90일 작가 되기의 현실적 이유/ 1달 정도는 어렵지 않다. 2달까지는 꿈을 이루는 일인데 힘들지만 참을 수도 있다. 6개월이라면, 주말마다 책쓰기에 집중하고, 나들이 한 번 갈 때마다 뜨끔한 마음으로 숙제를 남겨놓고 떠날 수 있을까? 개인적인 시간을 모두 책쓰기에만 꾸준히 집중할 수 있을까?

1년이 되면, 정말 현실성이 없어진다. 명절이나 휴가, 가족 행사나 신년, 연말을 책쓰기라는 숙제를 간직하며 살아야 한다. 책쓰기를 포기할 수많은 이유가 생긴다. 삶은 매일이 똑같지만, 조용히 다이나믹하게 바쁘기 때문이다.

90일은 책쓰기에 집중할 수 있는 최대의 시간이고, 이보다 짧으면 완성도에 문제가 생기고, 길면 포기가 쉽다. 90일은 학생들의 한 학기이고, 회사에서는 한 분기다. 특히 첫 책을 쓰는 작가는 일정이 길어지면 관심도가 급격히 떨어지고 포기가 쉬워진다. 아직 열정과 두근거림이 동력으로 남아있을 때 책쓰기를 끝내야 한다.

90일이 타당한 이유/ 90일이 타당한 데는 다른 이유도 있다. 책을 쓰는 것은 알고 있는 것을 쓰는 것이다. 뭔가를 새로 배워서 책을 쓰지는 않는다. 책을 만드는데 걸리는 시간은, 생각을 글로 다운로드 하는 시간이면 충분하다.

오랫동안 정성스레 준비한 책이 더 완성도 있을까? 좋은 책을 쓰기 위해서 방대한 자료를 준비해서 오랫동안 책을 쓰고 있다고 생각해보자. 일단 방대한 자료를 일목요연하게 정리하는 것 자체도 어렵다. 작가에게 어렵다는 뜻은 독자가 이해하기 어려운 책이 되어 간다는 뜻이다. 오랫동안 준비한 자료는 책을 쓰는 사이에 오래된 자료가 되어 간다. 오래된 자료는 요즘 세상에서 좋은 자료는 아니다. IT나 교육 분야는 1년이면 구닥다리 정보가 된다. 시스템이나 법적 기준은 생각보다 자주 업데이트 된다. IT 관련 책은 정말 빨리 써야 하고, 다른 책들도 빨리 써야 시기적절한 정보를 제공할 수 있다.

자서전이나 에세이는 오래 쓰면 좋을까? 사람의 마음처럼 쉽게 변하는 것도 없다. 자료도 변하지만, 작가의 마음도 변한다. 일 년 동안 자서전을 쓴다면, 실컷 완성한 이야기를 명절에 만난 가족의 한마디 때문에 다시 써야 할 수도 있다. 가정사도 생각보다 다사다난해서 우리의 과거도 작가의 마음에 따라 변한다. 과거는 시점에 따라 다르게 존재한다. 변한 마음은 돌이킬 수 없듯이 책의 메세지도 힘을 잃기 쉬운 것이 자신에 관한 이야기이다.

첫 책을 쓰는 작가일수록,
집중력을 발휘하기도 힘들고,
자료는 신선할수록 좋고,
포기는 점점 쉬워지고, 마음도 변한다.
그래서, 절대 90일을 넘기면 안 된다.

원고의 마감/ 원고를 쓰기 시작할 때 가장 먼저 해야 하는 일은, 주제를 정하거나, 책의 목차를 쓰는 일이 아니다. 마감을 정하는 일이다. 보통은 초보자일수록 충분한 에너지를 들여서 여유 있게 책을 써야 한다고 생각하지만, 반대. 처음 책을 쓰는 사람, 그것도 자가출판으로 혼자 책을 쓰기 시작한 사람에게 가장 중요한 것은 마감이다. 돈을 받고 직업으로 글을 쓰는 사람에게는 시작할 때부터 마감이 있다. 물건을 제작하는 사람에게는 납품 일자와 같다. 현실을 사는 우리도 형태만 다를 뿐 모두 마감이 정해져 있다. 특히 먹고사는 문제에서는 대부분 성실하게 마감일을 지키며 살고 있다. 앞으로도 여러 번 언급하겠지만, 돈을 안 받고 글을 쓴다는 것은 전업작가가 글을 쓰는 것보다 훨씬 어려운 일이다. 글쓰기에 필요한 시간, 훈련, 집중력 모든 것이 부족하다. 더군다나 간단한 문제조차 물어볼 사람도 없다. 혼자 길을 만드는 것처럼 어렵고 막막한 것은 없다. 글을 쓸 때 원고의 완성을 만드는 것은 끝이라는 출구다.

책 만들기에서 마감/ 그렇다면, 책을 만드는 과정은 어떨까? 이 경우에도 초보자에게 가장 필요한 것은 마감이다. 원고를 쓰는 것이 자신만의 길을 만드는 것이었다면, 책을 만드는 과정은 배우고 실천하는 과정이다. 배운 것을 바로 적용해서 책을 만드는 것은 뿌듯하지만 쉽지 않다. 책을 만드는 방법은 앞으로 설명하겠지만, 책의 크기나 색등 정해야 할 것이 수도 없이 많고, 내지 편집이나 디자인도 펼쳐 볼 때마다 고치고 싶은 것이 책 만들기다. 마감이 없으면 끝이 나지 않는 작업이 책 만들기 이고, 마감이 있어야 하는 이유다.

첫 책을 내는 작가님들이 원고를 볼 때마다 오탈자나 고쳐야 할 문장을 발견한다며 고통을 호소한다. 오히려 편집자들은 오탈자가 없는 책은 세상에 존재하지 않는다고 말한다. 일정한 작업 프로세스에 따라서 작업하고, 완벽하지 않아도 마무리해서 떠나보내는 법, 역시 배워야 한다.

TODO LIST　날짜 계산기를 이용해서 마감일을 정하고 시작하자.

		년	월	일
오늘 날짜		년	월	일
집필 시작		년	월	일
46일 후 퇴고 시작		년	월	일
60일 후 탈고		년	월	일
61일 후 내지 편집 시작		년	월	일
90일 후 책 등록		년	월	일

DAY 04　책은 브랜딩이다.

책을 써야 하는 개개인의 이유는 다르다. 책으로 이루고 싶은 목적도 다를 것이다. 개인적인 이유는 차치하더라도, 이제는 책을 안 쓸 수 없는 시대가 되었다.

앞서 언급했듯이 책은 지적인 권위의 증거물이었다. 얼마 전까지만 해도 작가는 학문적 성과를 이룬 학자이거나, 등단한 소설가, 정·재계 인사들이었다. 책이라는 단어 자체가 권위를 품고 있었다. 책 속에는 길이 있고, 정답이 있었다. 실상은 그렇지 않다. 책을 내는 비용에 권위가 있었던 것이다. 비싼 만큼 수익을 내기 쉬운 유명세나 수익을 대신에 할 비용을 치러야 했다. 전자책이 나오면서 출간비용이 저렴해졌지만, 전자책은 종이책을 완전히 대신한다고 보기는 어렵다.

종이책 자가출판/ 이제 POD^publish on demand 출판의 시대가 되었다. POD출판은 주문 후 인쇄 방식이다. 쉽게 생각하면 즉석 사진처럼 생각하면 된다. 예전에 즉석 사진 간판을 내건 동네 사진관들이 많이 있었다. 즉석 사진 기계의 보급으로 가능했던 것인데, POD도 비슷하게 한 권씩 인쇄가 가능한 인쇄기가 도입되었다. POD 출판사는 플랫폼과 결합해서 책을 만들고, 유통하고, 판매하는 자가출판 플랫폼이 되었다. 교보문고나 예스24 같은 온라인 서점에서 누구나 책을 팔 수 있게 된 것이다.

국내에서 종이책 자가출판이 시작된 지 10년이 채 안 됐다. 아직은 비용 없이 종이책을 낼 수 있다는 사실을 모르는 사람이 많다. 출판시장은 변하고 있고, 이제는 읽으려는 사람보다 작가가 되려는 사람이 많아지고 있다. 유튜브처럼 곧 작가도 포화상태가 될 것이다. 책을 쓸 계획이 있다면, 지금 당장 써야 그나마 작가 행세라도 해볼 수 있다.

경력의 시작/ 현실적인 이유에서는 사회초년생이나 경력의 시작점에 있는 사람들은 무조건 책을 써야 한다. 아직도 사람들은 유명한 사람이 책을 쓴다고 생각하고 있는데, 사실 책을 써야 유명해진다. 우리가 아는 유명한 사람들의 많은 수가 책을 쓰기 전에는 유명세가 없다가, 책으로 인해 방송에 출연하거나, 관련 프로젝트에 참가할 기회가 생겨서 유명해진다. 유명해진 뒤 쓰는 책은 날카로운 독자의 평가 앞에서야 하지만, 무명작가의 책은 새로운 문을 연다.

　책은 후광효과를 가진다./ 자가출판으로 한 권의 책을 내기만 해도, 가족과 친구들이 어려운 일을 해냈다고 축하해주고, 책을 사주고 읽어준다. 꾸준히 책쓰기를 이어가면, 축하를 넘어서 사람이 달라 보인다. 모르는 사람보다, 가까운 사람들을 설득하기가 항상 어렵다. 그러나 책을 꾸준히 써나가는 성실함과 책에 담은 문장들은 작가에게 후광이 돼서 주변의 평가를 바꾼다.

　책은 나를 설명하는 가장 쉽고, 권위 있는 방법이다. 내가 첫 책을 쓴 이유는 여행작가냐고 물어보는 사람이 너무 많아서였는데, '사실은 여행 블로거이면서 어쩌고저쩌고' 설명하면 벌써 듣지도 않는다. 책을 쓰고 나니 여행작가냐는 물음에 "예" 한마디면 된다. 그전에는 어떤 사람인지 설명하면 듣는 사람도 들어주기 힘들었는데, 여행작가라는 대답에는 상대방도 편해진다. 취미로 쓴 책이든, 에세이든 책은 작가의 가치, 전문성, 같은 나를 대표하는 키워드가 되고 브랜드가 된다. 나를 설명할 때마다 살짝 곤란하다면, 책을 써서 문제를 해결하는 것도 방법이다.

　여행 블로거로 활동할 때는 같은 일을 해도 전문가로 인정받기 어려웠다. 세상에 여행작가가 그렇게 많은데도, 책을 내고 나서야 전문성을 인정받게 된다. 같은 일을 해도, 권위를 가지고 설득하는 것이 브랜딩이고, 브랜딩의 시작은 책이 효과적이다.

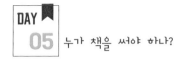
내세울 것 없는 평범한 삶을 살았는데, 책을 써도 될까요? 이미 성공한 사람, 대단한 사람이 책을 쓰는 것이 아닐까, 우리가 책을 쓰는 것이 의미가 있을까 고민하게 된다.

보통 사람들의 이야기를 담았던 <인간 극장>/ 어렸을 때 부모님은 매일같이 <인간극장>이라는 TV 프로그램을 보셨다. 이미 본 내용이라도 보고 또 봤다. 어린 세대는 잘 모를 수도 있는데, 보통사람들의 이야기를 다큐 형식으로 만든 프로그램이다. 가끔 특별한 사연을 가진 사람들이 나오기도 하지만, 보통은 평범한 사람들의 이야기를 보여줬다. 아이가 너무 많은 대가족, 깊은 산골로 귀촌한 사람, 섬마을에 사는 사람이라던지, 나이 차가 많은 부부 같은 다양한 보통사람들의 일상 이야기였다. 화려하지도 않고, 일상에 찌들어서 힘들어하는 사연을 보는 부모님을 이해할 수 없었다. 일상의 자잘한 문제만 다를 뿐, 먹고 살고 부딪히고, 우리처럼 살고 있었다. 거기에 답이 있다. 보통사람의 문제의 답은 우리에게 있다. 책에 담아야 하는 것이 바로 평범한 우리의 삶이고, 우리의 답이다.

경험으로 건네는 위로 책쓰기/ 대단한 전문지식이 없는데 괜찮을까? 누구나 하는 고민이다. 책은 누가 누가 똑똑한가를 재는 자가 아니다. 만약, 우리가 전문서적을 쓴다면 경쟁력이 매우 떨어진다. 전문가의 영역에는 전문가가 써야 할 책이 존재한다. 사람마다 경험의 깊이가 다르고, 그 경험을 원하는 사람은 반드시 있다. 내 경험을 나보다 더 잘 말할 수 있는 사람이 있을까? 중요한 것은 자신의 경험을 얼마나 의미있는 콘텐츠로 만드느냐이다.

육아 때문에 경력도 단절되고 고립된 여성,

은퇴하고 말 한마디 들어주는 사람이 없는 가장,

도와주는 사람 하나 없이 자수성가한 사업가,

최선을 다해 달려왔지만 이제 시작인 것을 깨달은 사회초년생,

'지금 아는 것을 그때도 알았더라면' 이런 생각을 많이 한다. 그랬다면, 좀 더 씩씩하고 현명하게 대처할 수 있지 않았을까? 시간을 돌릴 수는 없지만, 과거의 나와 같은 고민을 가진 사람은 아직도 있다. 내 경험이 누군가에게 위로와 답이 될 수 있다면, 당연히 건네고 싶은 메세지를 담아야 한다. 결국, 자신만의 <인간극장>을 써야 한다.

DAY 06 책을 내는 목적 적어보기

우리는 왜 책으로 말하고 싶을까? 요즘에는 개인이 운영하고 목소리를 낼 수 있는 매체가 많다. 유튜브, 블로그, 인스타그램 외에도 많은 다양한 성격의 매체들이 있다. 개인 의견이나 성향을 담을 수 있고, 능력에 따라서는 개인을 스타로 만들기도 한다. SNS 스타가 된 개인들은 다양한 장르로 확장해가면서 사업을 하기도 하고, 방송인이 되기도 하고 작가가 되기도 한다. 왜 우리는 유튜브 급등 대신에 더디고 인기 없는 책을 선택한 것일까?

왜 책으로 말하고 싶은지, 책을 썼을 때 어떤 실현 가능한 이익이 있는지 따져 봐야 한다. 책을 쓰는 목적을 분명히 할 때, 책의 메세지도 선명해진다.

책을 쓰는 현실적 목적/ 책을 쓰는 목적은 다양하다.
경력을 위해서 /작가로 등록하기 위해서 /자신을 홍보하기 위해서
/기회를 얻기 위해서 /수익을 얻기 위해서

경력을 위해서/ 책을 쓰면 내용이 어떻든, 경력의 한 줄을 추가하게 된다. 경력 때문에 쓰는 글이라면, 처음 책을 구상할 때부터 달라야 한다. 책을 많이 팔아서 유명해지면 당연히 경력에 도움이 되겠지만, 쉬운 일은 아니다. 경력에 도움이 되기를 바란다면, 책의 제목도, 표지도, 내용도 다 커리어를 위해 써야 한다. 경력을 위해 쓰는 책의 대표적인 제목은 작가의 이름이 들어간다. '올레비엔의 중국어 완전정복' 자신을 브랜딩하고, 전문성을 밝히는 데 초점을 맞추는 것이다.

작가로 등록하기 위해서 /작가로 등록하는 것만이 목적이라면, 분량이 적은 전자책을 손쉽게 내는 것도 가능하다. 그러나 이름뿐인 작가가 경력에 도움이 될지는 모르겠다.

자신을 홍보하기 위해서 /홍보를 위해서 책을 쓴다면, 책은 매우 효율적인 수단이다. 커피숍 운영자가 가게 홍보를 위해서 전자책으로 카페 음료 무료 레시피를 배포한다면, 전문성을 살리면서 비용이 들지 않는 좋은 홍보 매체가 되어 준다.

기회를 얻기 위해서 /저자라는 이름은 가끔은 경쟁에서 유리하게 만들어 주기도 한다. '자가출판으로 책을 내도 정식 작가랑 똑같은가요?' 이런 질문을 많이 받는데, '그렇다.' 정식 작가라고 할 수 있다. 네이버에 작가로 이름을 등록할 수도 있고, 경력의 시작으로 여러 가지 활동의 시작점이 될 수 있다.

수익을 얻기 위해서/ 책을 쓰거나 만드는 법은 정답이 없지만, 명확하게 답을 줄 수 있는 것은 수익이다. 자가출판으로 의미 있는 수익을 얻기 힘들다. 책을 낸 후 몇 달은 인세라는 이름이 통장에 찍히는 것에 신기하고, 책을 사준 지인들에게 감사해하게 된다. 그 이후 판매량은 작가의 역량이고, 책의 힘이다. 지금 책을 쓰는 분 중 책으로 부자가 되는 분이 나오기를 바란다. 그리고 베스트셀러 작가가 되면 기분이 어떤지 꼭 알려주셨으면 한다.

책의 주제/
쓰려는 분야의 책이 부족해서/ 위로하거나 용기를 주고 싶어서
경험을 공유하고 싶어서 /기록하고 싶어서 /강의용 교재
힐링을 위해서 /쓰는 것이 좋아서
위의 내용은 책의 내용적 목적인 주제이다. 책을 내고 싶은 이유 안에 독자가 있고, 작가의 의도가 있고, 책으로 이루고 싶은 도달점이 있다. 여기서 책의 컨셉이 나온다. 강의용 교재라면, 독자층과 책의 난이도, 구성과 분량이 대충 정해진다. 특정 분야의 책을 쓴다면, 관련 분야의 책을 찾아보고 필요한 부분에 집중하는 책을 만들어야 한다. 다른 사람을 위로하고 싶은 책이면, 역시 책 표지의 분위기, 분량 등이 대충 그려진다. 위로하고 싶은 책인데, 1000페이지로 만들지 않을 것이고, 강의 교재라면, 자료와 데이터를 첨부하게 된다. 책을 쓰는 목적과 주제와 독자를 생각하면서 책의 전체적인 컨셉과 모양을 상상해보는 것에서부터 책 만들기가 시작 된다.

TODO LIST　1. 책을 쓰는 현실적 목적, 주제, 예상 독자를 적어보자. 2.1의 내용을 바탕으로 적절한 책의 분량과 디자인 분위기도 적어보면 된다.

시키는 대로 책쓰기 플래너 2

90일

종이책

작가되기

『60일 ^{종이}책 초고완성』과 일부 겹치는 내용일 수 있으나, 『90일^{종이책} 작가 되기』만으로도 책을 쓸 수 있도록, 초고쓰기에 필요한 기본적인 내용만 담았습니다.

자가출판이나 출판사나 책을 만드는 과정은 크게 다르지 않다. 기획에서부터 원고를 쓰고, 디자인을 완성하는 과정은 비슷하다. 자가출판 작가가 직접하기 어려운 부분은 자가출판 플랫폼 <부크크>에서 준다.

기획-원고작성-교정,교열(3회)-내지 편집, 디자인-표지만들기
-<부크크> 등록(출판사 투고)-검수-온라인 서점 판매

글을 쓰는 작가다운 활동은 『60일 종이책 초고완성』에서 끝난다. 『90일 종이책 작가 되기』에서는 원고 작성과 교정 교열을 제외한 기획, 편집, 표지 만들기, 책 등록의 과정이다. 글쓴이로 작가의 역할보다는 편집자, 디자이너의 역할을 수행해야 한다.

1~60일/ 60일까지는 먼저 자가출판에 대한 전반적인 이론에 대해 다룬다.

덮어놓고 책을 만드는 것도 충분히 가능하지만, '북크리에이터'로 메세지가 분명한 책을 만들려면, 책에 대한 이해, 출판 과정에 대한 이해가 필요하다. 작가라면 꼭 알아두어야 할 책에 대한 기본적인 내용이라고 생각하면 된다. 자가출판의 과정을 하나씩 짚어가다 보면, 우리가 책에 대해서 얼마나 모르고 있었는지 알게 된다.

61일~90일/ 61일부터는 『60일 종이책 초고완성』이 끝났거나, 미리 완성해둔 원고로, 내지 편집과 표지 만들기에 들어간다. 디자인을 해본 경험이 없어도 걱정하지 않아도 된다. 내지 편집과 표지 만들기는 그래픽 프로그램이 아닌 <한글+미리캔버스>로 완성한다. 한글로 완성하는 내지 디자인과 편집은 책을 만들 수 있는 가장 쉬운 방법이고, <미리캔버스>의 표지 만드는 방법도 매우 쉽다. <미리캔버스>나 <한글> 사용이 익숙하지 않더라도 충분히 완성할 수 있다. 초보자도 완성도 높은 디자인으로 완성하는 것도 가능하다.

앞으로 8~15일 차까지는 『60일 종이책 초고완성』과 내용이 겹칠 수 있으나, 자가출판의 기본과정에 대해서 한가지씩 설명하겠다. 실제 책을 만들기 예제에서 다시 설명하겠지만, 시작단계에서 전체 프로세스를 이해하지 못하고, 책 만들기를 시작할 수는 없다. 이 책이 날짜에 맞춰서 하루하루 책을 만들어나가는 과정이기 때문에 항상 일정이 바쁘고, 순서도 섞인 것처럼 보이지만, 과정 전체에 대해서 중복되더라도 이해되는 편이 좋겠다고 생각해서 각 단계를 짧게 설명한다. 앞으로 각 과정에 대한 자세한 설명을 다시 할 예정이니 매일 가볍게 읽으면서 집중하면 된다. 8-15일차까지는 책을 읽고, 전체적인 순서를 이해하면 그것으로 충분하다.

[기획] - 원고작성 - 교정, 교열 - 내지 편집, 디자인 - 표지만들기 -부크크 등록 (출판사 투고)
- 승인 - 온라인 서점 판매

기획이란/ 기획은 설명하기 어렵지만, 기본에 충실하면 된다. 기획은 책의 내용과 방향성을 선명하게 만드는 것이다. 책이 가진 모든 수단을 동원해서 표현하게 된다. 책의 제목, 표지의 색깔, 책의 크기, 종이의 질감, 책을 넘기는 방향 모든 것을 일사분란하게 책의 메세지와 일치시켜서 책의 이미지를 만드는 것이다.

아동용 책을 크기가 작고, 글씨도 많고, 검은색 표지에 그림도 없이 만드는 사람은 없다. 책의 모든 문구와 모양과 분위기를 일치시켜서 독자에게 흥미로운 책으로 보여야 한다. 책을 기획해야 하는 이유는 더 많은 독자를 만나기 위해서다. 독자에게 필요성을 설득하거나, 궁금하게 만드는 것이 목적이라는 사실을 기억해야 한다.

기획에서 중요한 독자층/ 앞서 책을 쓰는 목적을 적어 본 이유는 바로 책의 목적과 주제가 기획의 시작이기 때문이다. 책의 내용과 목적은 작가에게서 나오지만, 기획은 독자에게로 가는 다리다. 책을 기획하는 것이 어렵게 느껴진다면, 어떤 독자가 읽을지를 구체적으로 상상해보면 도움이 된다. 20대 여성이 읽을 만한 책이라면, 기획단계에서 20대 여성을 위한 디자인과 편집, 관심사를 담은 제목을 더해서 책을 완성하면 된다.

좋은 책을 기획하려면 많은 책을 보는 것이 중요하다. 그만큼 기획은 책의 내용에 더해서 책의 외형에도 메시지를 담아야 하는 작업이다. 내 책을 기획하는 단계에서 구체적으로 참고삼을 책 몇 권을 선정해서 참고해도 좋다.

독자	20-30대 여성	30-40대 남성
내용	심리학	심리학
메세지	힐링과 위로	위로와 동기부여
책의 크기	시집 크기 46판	일반도서 크기 A5
분량	300페이지	200페이지
책의 형태	작고 두껍고 그림이 많게	단색으로 강렬하게
표지	따뜻하면서도 아름답게	심플하고 세련되게
책의 가격	15,000 전후	20,000원 전후
키워드	여유, 마음, 명상	자기계발, 목표설정

위 표는 각기 다른 독자층을 타겟으로 책을 낼 때의 차이다. 독자의 성별, 나이에 따라 같은 내용이라도 메세지나 책의 크기 표지가 바뀐다. 기획의 목적은 독자에게 설득력을 가지는 방법이다. 이런 방법으로 책의 모양과 컨셉을 잡아가는 것이 기초적인 기획의 일부이고, 책을 만들 때 고려해야 하는 사항이다.

매우 복잡다단한 기획의 과정을 너무 단순하게 일반화한 것이 아닌가 하는 걱정이 되지만, 기획의 핵심은 책의 내용을 효과적으로 표현하는 모든 수단이라는 점을 기억하면 된다. 좋은 기획의 스승은 다른 좋은 책들이다. 좋은 기획자들이 고심해서 만든 책을 많이 보고, 내 책에 아이디어를 차용 하면서 가다듬으면 좋다.

TODO LIST 내 책을 기획해보고, 효과적으로 전달할 수 있는 아이디어를 정리해보자

독자	
내용	
메세지	
책의 크기	
분량	
책의 형태	
표지	
책의 가격	
키워드	

DAY 09 원고작성

기획 - [원고작성] - 교정, 교열 - 내지 편집, 디자인 - 표지만들기 부크크 등록 (출판사 투고)
- 승인 - 온라인 서점 판매

자가출판에서 가장 어려운 과정 원고 작성/ 원고를 작성하는 일은 책
만들기 과정에서 우리가 진짜 하고 싶었던 일이다. 글을 쓰기 위해서
자가출판이니, 디자인 같은 평소라면 하지 않아도 되는 일을 하고 있
지만, 원고를 작성하는 일은 책에서 가장 핵심 부품이고, 목적이다. 반

대로 조금 만만하게 생각하기도 하는 부분이다. 글쓰기는 표지 만들기나, 자가출판과정에 비해서 잘 안다고 착각하는 부분이다. 그러나, 누군가 자가출판의 과정 중에서 가장 어려운 과정을 묻는다면, 단연 원고 작성이 가장 어렵다고 대답하겠다.

글쓰기는 공부할 수 있으나 배울 수는 없는 일이고, 디자인은 살 수 있으나, 원고는 살 수 없다. 원고 작성은 누구도 대신해 줄 수 없는 일이면서, 배울 수도 없고, 혼자 깨쳐야 하는 일이며, 예술의 영역에서 나만의 스타일을 만들어가는 일이다. 바로 이 핵심 기술은 결국 작가가 되어가는 과정이고, 혼자 해결해야만 하는 일이다. 그래서 『60일 종이책 초고완성』같이 독학으로 원고를 쓰는 책이 나올 수 있었다.

가장 어려웠던 꾸준히 쓰는 것/ 좋은 원고를 작성하는 것도 어렵지만, 더 어려운 것은 따로 있다. 꾸준히 쓰는 것이다. 온라인 강의에서 함께 글을 쓴 작가분들도 꾸준함을 유지하는 것을 가장 힘들어했다. 글을 쓰기 시작했다고, 집안일이나 회사 일을 대신에 해줄 사람이 생기는 것은 아니기 때문이다. 게다가 시간이 있는 날은 쓸 거리가 없고, 집중이 잘 되는 날은 방해가 많다. 우리 삶처럼 항상 그렇다. 그래서 분량이 무섭고 마감이 무섭다. 원고 작성에 대한 내용은 『60일 종이책 초고완성』에 있어서, 여기서는 책을 만드는 과정만 다루겠지만, 혼자서 원고를 작성하는 분들은 반드시 '꾸준히'를 이뤄야 한다. 꾸준함이 책쓰기 성공의 필수 요건이다.

원고작성 마감의 중요성/ 책쓰기 강의를 진행해보면, 쓰다만 서랍 속 원고를 들고 오는 분들이 많다. 안타깝게도 몇 년이 지났다고 해도, 과거에 비해 훨씬 글을 더 잘 쓰게 되는 일은 별로 없다. 자가출판 작가일수록 원고를 출판해서 경험을 쌓아야 한다. 완성된 책을 볼때와 원고로 볼 때는 느낌이 다르다. 원고를 책으로 바꾸는 결정적인 차이는 마감이다. 혼자 쓰는 책이라도 마감을 설정하고, 90일 안에 책으로 완성해야 한다. 90일을 넘으면 그동안 미뤄왔던 온갖 일이 밀려들어서, 책쓰기에서 멀어지게 된다고 보장한다.

원고작성 분량/ 원고의 분량은 200작 소설책을 기준으로 생각할 때, A4 10pt로 100장 정도 써야 하고, 10~16만 자 사이이다. 쓰고 싶은 책의 크기와 분량을 정하고, 써야 할 분량을 45일로 나눠서 매일 작성하면 된다. 300쪽 분량을 쓰고 싶다면, A4 150장을 써야 하고, 100쪽 분량의 책을 내고 싶다면, A4-50장 내외로 쓰면 된다.

『90일 종이책 작가 되기』만 보면서 원고를 작성할 생각이라면, 1~45일까지 초고를 쓰고, 46~60일까지 퇴고를 마친 원고를 준비하면 된다. 61일부터는 제시한 일정대로 완성된 원고로 편집과 디자인을 시작하면 된다. 60일까지는 『90일 종이책 작가 되기』를 가볍게 읽으면서 원고 작성에 집중하면 된다.

TODO LIST 1.앞서 정한 마감을 확인하자.

2.예상 원고 분량을 확정하자.

단행본	장분량 / A4로 환산한 분량	장

3.남은 35일로 나눠서 하루에 써야 하는 분량 계산하기

매일 써야 하는 분량	장

기획 - [원고작성] - 교정, 교열 - 내지 편집, 디자인 - 표지만들기 -부크크 등록 (출판사 투고)
- 승인 - 온라인 서점 판매

책을 만들려면 배워야 할 것들이 산더미처럼 많은데, 메모에 대한 뻔한 이야기를 쓰려고 한다. 우리는 작가이면서, 모든 것을 다하는 '북크리에이터'지만, 핵심 기술은 원고다. 원고를 편집하고, 원고를 디자인하고, 원고를 홍보하는 중이다. 이 모든 일은 글을 위한 것이다.

글을 잘 쓰는 방법은 공부할 수는 있지만 배울 수는 없다고 말했는데, 글을 공부하는 방법이 메모다. 작가의 생각과 글의 다양성, 풍부한 표현은 메모에 달렸다. 그 어떤 천재적인 작가라도 메모에 의존한다는 것을 확신한다.

메모는 글의 재료/ 메모는 책의 중요한 원료다. 그 어떤 순간도 생각하지 않는 순간은 존재하지 않는다. 사람은 잠들어 있을 때조차 생각한다. 생각의 총량이 너무 많아서, 필요할 때 우리의 생각을 적절히 꺼내놓지 못할 때가 많다. 단어가 생각나지 않기도 하고, 기억해내려는 것이 무엇인가를 조차 잊기도 한다. 기록하지 않으면 찾지 못하는 거대한 생각의 도서관을 누구나 가지고 산다.

글을 잘 쓰고 못 쓰고의 차이를 만드는 것은, 생각을 얼마나 능수능란하게 꺼내느냐에 달려있다. 메모는 이런 생각의 힌트이다. 메모가 없으면 절대 꺼낼 수 없는 감정적인 생각들도 있고, 메모해 두고 잊었다가 필요할 때 꺼내 써야 하는 정보도 있다. 메모는 생각을 정리하고, 뇌의 과부하를 덜어주며, 잊어버리고 마는 순간의 감정을 글감으로 저장하는 것이다. 감정은 논리적 생각에 비해 훨씬 기억하기 힘들기 때문에 꼭 메모해야 한다.

메모의 방법/ 메모에 정해진 형식이나 답은 없다. 자유롭게, 생각날 때마다 기록하면 된다. 핸드폰이나 노트 등 편한 방법을 쓰면 된다. 메모 앱으로는 구글 <Keep>을 추천한다. 클라우드에 저장돼서 어디서나 접근할 수 있고, 자동저장기능을 지원하기 때문에 자료를 잘 잃어버리지 않는다. 라벨 기능으로 분류도 쉽게 할 수 있고, 그림에서 글씨를 가져오거나, 그림도 저장할 수 있다. 메모는 글의 수준을 바꿔 놓는다. 모든 순간을 기록할 준비가 되어있어야 한다.

TODO LIST 메모노트를 마련하거나, 구글 Keep어플 등 편한 메모앱을 다운받고, 메모장을 핸드폰 바탕화면에 꺼내 놓자

DAY 11 분량

기획 - [원고작성] - 교정, 교열 - 내지 편집, 디자인 - 표지만들기 - 부크크 등록(출판사 투고) - 승인 - 온라인 서점 판매

책의 분량과 독자, 작가의 마음/ 원고의 분량은 책에서 묘한 요소다. 분량은 책의 두께를 결정하는데, 책의 이미지를 결정 짓기도 한다. 가볍게 읽을 힐링 서적이 너무 두꺼우면, 읽기도 전에 지레 겁을 먹고, 비슷한 내용이라도 심리학을 다루는 학술도서는 분량이 많아진다. 실용서나 교재 등이 두꺼운 이유다.

책을 쓸 때 분량을 미리 정해야 한다. 쓰고 싶은 책의 내용이 얼마나 될지, 가볍게 읽히기를 원하는지, 전문적인 분야를 자세하게 다루

고 싶은지를 구상해서 분량을 예상하면 된다. 정확한 분량을 정하는 것은 어렵지만, 200페이지를 기준으로 더 많으면 두꺼운 편이 되고, 더 적으면 얇고 가벼운 책이 된다. 첫 책을 쓰는 사람의 마음은 둘로 나뉜다. 크고 두꺼운 책을 쓰고 싶은 사람과 많은 분량을 쓰는 것을 부담스러워 하는 사람으로 나뉜다. 물론 작고 예쁜 책을 내고 싶은 사람도 있지만, 대부분 많은 분량을 쓰는 것을 두려워한다.

읽히는 분량, 깊이 있는 분량/ 온라인 글쓰기 강의에서도 분량은 언제나 화제였다. '얼마나 썼어요?'는 책쓰기 강의에서는 '식사하셨나요?'를 대신한다. 이상하게도 책의 두께는 작가와 독자의 자부심이 되기도 한다. 어렵고 두꺼운 책은 들고 다니는 것만으로도 독자를 똑똑한 사람이 된 기분으로 만들어 준다. 작가에게 두꺼운 책은 성실함의 증거가 된다. 반대로, A4 100장 정도의 분량을 써야한다는 설명을 듣고 지레 포기한 분들도 많았다. 분량은 책을 눈으로 잴 수 있는 지식의 깊이로 혼동된다.

생각해보면 무명작가의 책을 끝까지 읽어주는 사람은 그리 많지 않다. 책을 사는 사람도 귀하고, 읽어주는 사람은 더 귀하다. 오히려 가볍고 짧은 분량으로 책을 꼼꼼히 다 읽게 하는 전략을 쓸 수도 있다. 요즘은 어떤 책을 막론하고 떠나는 독자를 붙잡기 위해서 글씨는 커지고, 내용은 적어지는 것을 생각하면, 가벼운 본문의 책을 쓰는 것도 나쁜 선택은 아니다.

분량을 계획할 때, 이번 기회에 두꺼운 책을 써야지, 계획을 세워도 좋다. 그러나 계획한 분량을 다 쓰지 못했더라도 괜찮다. 쓰고 싶은 메세지를 담으면 충분하다. 분량의 오묘함을 어느 정도 이해하기를 바란다. 분량이 모자라는 책을 대충 써서 출간하라는 뜻은 절대 아니다.

완성도나 깊이는 분량 안에 있지는 않지만, 고민해야 봐야 할 문제이며 분량 앞에 성실해야 한다.

TODO LIST 지금까지 분량을 확인하고, 앞으로 일정을 다시 점검하자.

2.예상 원고 분량을 확정하자.

지금까지 쓴 분량 _____ 자

앞으로 써야 할 분량 _____ 자

DAY 12 초고의 양식

기획 - [원고작성] - 교정, 교열 - 내지 편집, 디자인 - 표지만들기- 부크크 등록(출판사 투고) - 승인 - 온라인 서점 판매

이 책을 쓰기로 마음 먹은 이유는 글자 크기 때문이었다. 첫 책을 무작정 쓰기 시작했는데, 글을 쓰고 있다는 사실 말고는 아무것도 확실한 것이 없었다. 글을 쓰는 것, 책을 만드는 과정, 플랫폼에 책을 등록하는 과정 등 공부할 것은 많은데, 확실한 것 하나 없다는 사실이 답답했다. 사소한 것이라도 확신을 갖고 해결해 나가고 싶은 마음이 간절했다. 글에 대한 진지한 고민 대신에 어떤 프로그램을 사용할지, 글자 크기는 어떻게 할지를 고민하는 상황이 황당했다. 전문작가의 사무실을 딱 한 번만 둘러보고 싶었다. 사람들은 건너 건너 아는 작가들도 많던데, 이 간단한 문제를 물어볼 사람이 없었다.

시간이 지나고 나자 사소한 문제는 중요하지 않다는 것도 이해하

고, 자연스럽게 해결책을 찾았지만, 첫 책을 쓸 때의 그 막막함을 아직도 잊지 못한다. 가장 기초적인 문제를 해결해 주면서, 원고를 쓰는 것에만 집중할 수 있도록, 모든 것을 다 정해주고 싶었다.

초고 양식의 기본/ 초고는 편한 프로그램에서 써도 되지만, 자동저장, 글자수세기 등의 기능이 있는 한글과 컴퓨터의 <한글>을 추천한다.
초고는 A4 10pt로 가급적 <부크크> 명조를 사용한다.
초고라 하더라도 양식을 갖추는 것이 좋다.
초고의 양식은 첫 페이지에 제목 - 목차 - 머리말 - 본문으로 시작한다.
목차는 2~3부 프린트해서 들고 다니면 좋다.
이렇게 완성한 원고는 나중에 내지 편집을 할 때 <부크크>에서 제공하는 양식에 붙여넣기 하는 방식으로 정리하면 된다.

TODO LIST 제목도 없는 초고를 쓰고 있다면, 제목 정도는 써넣자, 초고를 쓰면서 소제목도 미리 달아주면 좋다. 최고 양식을 순서대로 정리하자.

DAY 13 교정교열

기획 -원고작성 - [교정, 교열] - 내지 편집, 디자인 - 표지만들기 - 부크크 등록(출판사 투고) - 승인 - 온라인 서점 판매

교정, 교열의 핵심은 전달력/ 보통은 초고를 쓰는데 많은 시간을 투자하고 싶어 하지만, 초고를 빨리 쓰고, 교정, 교열에 많은 시간을 들일

수록 책의 완성도가 높아진다. 초보 작가가 시간을 많이 들여야 하는 부분이 바로 퇴고다. 힘들여 쓴 원고의 메시지가 정확하게 전달되게 하는 작업이 퇴고다. 작가가 객관적인 시각을 유지해야 하는 시기이다. 기본적인 맞춤법과 띄어쓰기에서부터 문장의 의미가 잘 전달되는지, 중복되거나 거슬리는 내용이 있는지를 전달력을 중점적으로 파악하면서 고쳐야 한다.

내지 편집과 동시에 진행하는 교정/ 교정,교열의 과정은 내지 편집과 동시에 진행하면 좋다. A4에 썼던 원고를 판형에 맞는 내지 형식에 맞춰서 옮기면서 퇴고를 계속한다. 퇴고의 마지막 단계에서는 내지 편집이 어느 정도 끝난 원고를 출력해서 종이로 보면서 오탈자와 교정, 교열을 해야한다. 소리 내서 읽어보면서 문장의 어색함을 잡아내는 것이 쉽고 확실한 방법이다.

교정과 교열을 한 두 번 마치면 원고를 출력해서 보면서 교정해야 한다. 책을 내면서, 자신의 원고를 종이로 한 번도 보지 않고 출간하는 경우가 많다. 모니터로 보는 글과 종이 위에서 보는 글은 분명히 다르고, 오탈자나 문제가 있는 문장을 쉽게 파악할 수 있다. 최종 완성본이 종이책이라는 점을 생각하면 반드시 출력해봐야 한다.

DAY 14 | 내지, 표지 디자인

기획 - 원고작성 - 교정, 교열 - [내지 편집, 디자인] - [표지만들기]- 부크크 등록(출판사 투고) - 승인 - 온라인 서점 판매

내지 편집/ 초고에서 1차 교정을 마치면, 원고를 내지 편집 양식에 붙여넣으면 된다. 양식에 원고를 붙여넣으면서 퇴고도 하고, 내지도 편집해야 한다. 내지 편집은 책의 크기인 판형을 정한 뒤 <부크크>에서 제공하는 양식을 다운 받아서 사용하면 된다. 앞으로 내지 편집에 대해서는 따로 자세히 설명하겠다.

표지 디자인/ 자가출판 작가가 가장 어려워하는 단계가 표지 디자인이다. 작가가 되려고 시작했는데, 디자이너 역할도 해야 한다. <미리캔버스>를 이용해서 표지 디자인을 하게 되는데, 사용법이 어렵지 않아서 초보자도 어렵지 않게 표지를 디자인할 수 있다. 아무래도 표지를 직접 만드는 것이 어렵겠다 느낀다면, 표지 정도는 <부크크>에서 구입하는 방법도 소개한다.

한글프로그램을 사용해야 하는 이유/ 내지 편집은 <한글>을 이용해서 진행한다. 비슷한 문서 편집 프로그램이 많지만, 책을 쓸 때는 <한글>이 가장 낫다. 다른 프로그램들이 가지지 못한 장점도 있지만, 자간이나 행간같이 일반인이 정렬을 맞추기 어려운 영역에서 <한글>의 강점이 있다. 책 본문의 완성도는 글자 간의 간격인 자간과 글줄의 간격인 행간을 어떻게 정렬하는가에 달려있다. 가독성이 좋으면서도 완성도 있게 보이게 만들기가 매우 어렵다. <한글>은 토종 프로그램이면서 한글을 기준으로 제작되었기 때문에 본문의 정렬을 가장 완성도 있게 맞출 수 있다. <부크크>에서도 <한글>용 내지 편집 양식을 제공하기 때문에 우리는 붙여넣기만 잘하면 된다.

완성 파일 형태/ 완성한 원고는 PDF 파일로 업로드 하면된다. 표지

파일은 따로 작업하게 되는데, 표지 역시 PDF 파일로 완성하면 된다. 표지 파일은 여러 가지 프로그램으로 만들어도 상관없지만, 이 책에서는 가장 간편한 <미리캔버스>를 활용한다. 포토샵, 일러스트레이터 등 그래픽 프로그램을 다룰 줄 안다면, 다른 방법으로 표지를 만들어도 된다. 그러나 그래픽디자이너들도 <미리캔버스>를 활용해서 표지를 만드는 것이 가장 간편할 정도니까, <미리캔버스> 밖에 사용할 줄 모른다고 해서 걱정할 필요는 없다.

한글프로그램 - PDF - 책의 원고 파일(종이책)
미리캔버스 -PDF - 종이책 표지 파일

TODO LIST

오늘은 숙제 대신 잔소리다. 책을 쓰기 시작하기 2주가 지난 시점이기 때문이다. 책쓰기는 이상할 정도로 사람을 설레게 만든다. 그런데, 쉬운 단계가 하나도 없어서 포기도 쉽다. 2주차는 시작한 적 없었던 것처럼 포기하기 좋은 시점이다. 한 달 정도만 꾸준히 지속하면 그래도 투입한 시간과 노력 때문에 포기하기가 어려워진다. 책쓰기는 그야말로 꾸준함의 산물이다. 하루를 건너뛰기가 가장 어렵고, 이틀, 삼 일째부터는 점점 쉬워진다. 매일이 중요하다. 인생에서 3달을 투자하면 평생 작가님으로 살 수 있다. 바쁜 일 때문에 후일을 기약하면 다음번에는 다시 처음부터 시작해야 한다. 중요한 점은 인생에서 바쁠 때는 지금뿐만이 아니라는 점이다.

첫 도전인 만큼, 매일 쓰는 분량이 모자라도 상관없고, 지지부진해도 괜찮다. 매일을 투자하기만 하면 된다.

DAY 15 〈부크크〉 등록, 출판사 투고

기획 - 원고작성 - 교정, 교열 - 내지 편집, 디자인 - 표지만들기 - **[부크크 등록(출판사 투고)]** - 승인 - 온라인 서점 판매

〈부크크〉 등록, 승인, 반려/ 〈한글〉과 〈미리캔버스〉를 이용해서 완성된 원고는 자가출판 플랫폼인 〈부크크〉에 등록하게 된다. 등록과정은 어렵지 않다. 완성된 표지 파일과 원고 파일을 업로드하고, 제목, 작가, 책 설명, 목차 등을 입력하면 된다. 우리가 익히 사용하는 SNS 플랫폼인 인스타그램이나 블로그 등에 비해서 어렵지 않다. 〈부크크〉가 출판사라는 이름보다 출판 플랫폼이라는 이름이 걸맞는 이유다. 등록 단계가 실제 책을 인쇄를 위한 과정이다 보니, 낯선 몇 단계를 더 거쳐야 하지만, 한 단계씩 따라 할 수 있도록 구성했으니 걱정하지 않아도 된다. 표지나 이미지처럼 자가출판 작가가 어려워하는 부분에 대해서는 인쇄물에 문제가 없도록 〈부크크〉가 검수도 도와준다. 이 과정에서 책을 승인해주지 않고, 반려시킬 수 있다. 인쇄물의 검수는 원래 편집자나 디자인 작업자가 직접 하는 것이 원칙이지만, 〈부크크〉는 비전문가도 책을 만들 수 있게 해주는 만큼 반려 되었다고 슬퍼할 필요가 없다. 인쇄사고를 〈부크크〉가 막아줬다고 생각하고, 안내하는 대로 차근차근 수정해나가면 된다. 이 과정을 마무리하면, 최종적으로 책이 승인되고, 온라인으로 판매가 개시된다.

원고 투고/ 〈부크크〉로 자가출판하기 전에 출판사에 원고를 투고해볼 수 있다. 투고란 출판사에 원고의 일부와 출간기획서를 보내서, 기획출판 의사가 있는지를 타진하는 것이다. 거의 모든 출판사는 원고 투고를 받기 위한 이메일 주소나, 사이트를 공개하고 있다. 출판사는

출간기획서를 검토한 후 출간 의사가 있으면 작가에게 회신하거나 연락해서 계약을 진행한다. 원고를 보낼 때는 출간기획서도 함께 보내야 하는데, 출간기획서 쓰는 법도 앞으로 다룬다. 다만 출판사를 통해 출간하고 싶다면, 팔리는 책에 대한 기획을 생각해 볼 필요가 있고, 최소 분량도 원고지 600~1000장 분량이 되면 좋다. 글자수로는 12만 자~20만 자 사이로 보면 된다.

내지 편집, 표지 디자인을 마친 후 투고해야 하는 이유/ 책을 등록하는 시점과 출판사 투고 시점은 다르다. 출판사와 계약하게 되면 내지 편집이나, 표지 디자인은 필요하지 않다. 그러나, 자가출판을 목표로 책을 써온 작가라면, 원고 투고 시점을 내지와 표지 디자인이 끝난 완성된 책으로 도전하라고 강력히 권한다. 원고를 완성하고, 많은 출판사에 출간기획서를 보내는 것은 시간이 오래 걸리는 일이고, 힘이 든다. 출판사들은 친절하게도 거절의 회신도 잘해주는 편이다. 실컷 힘들게 원고를 완성하고도 출판사의 거절 메일을 수십 통 받고 나면, 표지와 내지 디자인을 할 에너지를 잃는다. 원고를 완성해두고 책을 완성하지 못하는 일이 생길지도 모른다. 꼭 책을 완벽히 완성해두고, 출판사에 투고 메일을 보내면 좋겠다. 완성한 표지가 있으면, 출판사도 책을 이해하기에 더 좋기 때문에 표지를 만든 것은 절대 헛수고가 아니다. 온라인 강의에 참여한 작가님들 중에도 완전히 완성한 뒤에 출판사와 계약한 작가님이 있는데, 직접 만든 표지를 약간 수정하는 선에서 표지 디자인이 완성되었다.

생각보다 출판사에서는 좋은 원고를 기다리고 있다. 좋은 내용과 성실하게 쓴 원고만 있으면 누구나 출판사와 계약에 성공할 수 있다.

두려움 때문에 투고를 망설이지 마시라. 두려움 때문에 망설였다면,

우리는 아무것도 시작하지 못했을 것이다. 다시 한번 강조하지만, 표지, 내지 편집을 완성한 이후에 투고에 도전해야 한다. 아무리 기대 없이 도전했다고 하더라도 백통이 넘는 거절 메일을 받은 뒤에 표지 디자인을 하기는 쉬운 일이 아니다.

시키는 대로 책쓰기 플래너 2

90일
종이책
작가되기

DAY **16 - 25**

유튜브와 자기출판/ 몇 년 전만 하더라도 영상편집이 가능한 사람은 전문가 대접을 받았는데, 유튜브와 숏폼이 생기면서 전 국민의 반은 영상편집이 가능하게 되었다. 더 오래전에 사람들은 '텔레비전에 내가 나왔으면 정말 좋겠네' 노래를 불렀다. 이제는 누구나 유튜브에 나올 수 있는 시대가 되었다. 작가라는 꿈도, 출판 플랫폼을 잘 이용하면 충분히 가능한 시대가 되었다. 모든 과정을 스스로 해내야 하는 것이 문제이기는 하지만.

유튜버는 1인 미디어 시대를 열었고, 대표주자가 되었다. 자가출판도 1인 미디어 시대에 깊이를 더할 글쟁이들의 소통법이다. 작가가 되고 싶었는데, 디자이너, 마케터의 역할도 해야 한다. 온라인 강의에서 만나는 분들도, 전문가는 아니라도 <미리캔버스>를 이용해서 간단한 디자인은 직접하고, 영상편집도 뚝딱 해내는 분들이 많다. 북 크리에이터도 글만 써서는 자가출판으로 책을 만들 수 없다.

처음에는 비용을 아끼기 위해서 자가출판을 선택했지만, 직접 쓰고,

디자인한다는 뜻은 모든 것을 다 할 수 있다는 뜻이다. 책표지에 웃기게 찍은 작가 사진을 넣거나, 낙서처럼 만든 표지를 만들어도 된다. 모든 표현이 가능한 세상에서 창조적인 어떤 활동도 가능한 것이 자가출판의 북크리에이터다.

　북 크리에이터인 이유/ 책을 만드는 과정에서 여러 역할을 해야 하기 때문에 크리에이터라고 부르는 것은 이다. 북 크리에이터는 기존의 도서들이 다루지 못했던 모든 이야기를 발굴하고 책으로 만들게 될 것이다. 유튜브가 시작되기 전 방송사들은 시대적 담론, 교육적인 내용, 시사적 이슈 같은 내용을 콘텐츠로 만들었다. 방송에 적절한 가치가 있는지를 선별했다. 유튜브가 활성화되고 나자 세상의 모든 것이 영상으로 기록될 가치를 가지게 됐다. '홀로 일상을 보내는 독거인의 요리 과정', '1000원짜리 물건만 파는 다이소에서 유용한 물건' 같은 방송사에서는 절대 다루지 않는 소박함에 가치를 부여하게 되었다.
　우리나라의 도서는 아직도 분야별로 빈 곳이 많아서, 정작 필요한 책은 외서를 구해서 보는 경우가 아직도 많다. 베스트셀러 중에도 외서의 비중이 아직도 높은 편이다. 북 크리에이터는 책을 판매하거나 책을 만드는데 비용적인 부담이 적은 만큼 세상의 모든 이야기를 책으로 담아낼 수 있다. 그중에는 외서를 대체할 좋은 학문적인 책도 나올 것이고, 기존의 책들이 차마 다루지 못하던 모든 이야기를 책에 담게 될 것이다.
　그런 면에서 자가출판의 작가는 세상의 새로운 가치를 발견할 1인 크리에이터로 역할을 하게 될 것이고, 책의 새로운 가치, 새로운 형태로의 진화에 일조하게 될 것이다.

우리는 책을 매우 익숙하게 접해왔고, 잘 안다고 생각한다. 지금까지 살아오면서 수많은 책을 봐왔지만, 책을 만들려면 구조적으로 새롭게 접근해야 한다. 지금까지는 책이 흥미 있을지, 책을 도움이 될지를 주로 판단하고, 아이들을 위한 책이나 요리책, 전자책 같은 용도에 맞는 책을 선택했다. 독자의 시각에서 벗어나서 책을 만들려면 필요를 넘어서 다각적으로 이해해야 한다.

책이라는 매체를 이해해야 하는 이유/ 작가는 글을 써서 저작물을 출판하는 사람이다. 작가의 입장에서는 책은 하나의 미디어가 되어서 작가의 목소리를 대변한다. 작가의 저작물을 책으로 출판해서 책으로 인정받는 기준은 무엇이 있을까? 우리가 글을 써서 인쇄한다고 다 책이라 부를 수 없다는 정도는 알지만, 정확히 어떤 기준으로 책, 도서라고 정의할지를 알아야 책으로 만들 수 있다.

기능적으로 볼 때 표지는 어떤 정보를 담고 있는지, 표지가 두꺼운 종이로 제작되는 이유는 무엇인지, 규격은 어때야 하는지, 표지의 날개가 있어야 하는 이유를 생각해보지 않았을 것이다. 이유를 알아야 내 책을 만들 때 날개가 있는 표지를 만들어야 할지, 날개가 없는 표지로 만들어야 할지, 맞는 선택을 할 수 있다. 책의 모든 요소와 모든 구조를 이해해야 적절한 디자인으로 내용을 담을 수 있다. 책이란 무엇인가에서는 책의 출간방법과 과정 책의 정의, 구조적 기능적 요소들을 모두 이해하는 과정이 될 것이다.

덮어놓고 무조건 〈한글〉 프로그램을 열고 글을 쓰기 시작할 수도 있다. 책은 그만큼 우리와 익숙하기 때문이다. 제목을 정하고, 가격을 정하고 글씨 크기를 정해가면서 무작정 만들 수 있지만, 내용을 형식으로 담는 것이 책이다. 책의 형식을 유통사나 법적 기준에 맞게 만들어야 제대로 유통이 가능하고, 책의 양식을 잘 갖춰야 독자가 완성도 있는 책으로 인식한다. 독자를 만나기 전에 넘어야 하는 기준이 있고, 힘들게 만든 책을 책으로 규정하는 기준도 존재한다.

완성도 높은 책을 만들려면 책에 대한 이해가 꼭 필요하다. 책의 물리적 완성도는 내용의 기대감을 높이고, 기능적으로 글의 이해를 돕는다. 책의 구조와 형식을 잘 이해하는 '북크리에이터'가 독자의 필요를 이해하고 팔리는 책으로 만들어 낼 수 있다. 글을 잘 써도, 책의 형식을 잘 갖추지 못하면 습작으로 치부될 수 있다. 공들여 만드는 책이라면, 모든 부분이 하나의 메시지를 상징하게 해야 이해하기 쉽다. 독자는 작가의 노력을 꼼꼼하게 이해해주는 가장 우호적인 종류의 소비자다. 좋은 책은 반드시 결실을 맺는다. 결국, 책을 잘 이해해야 아름답고, 내용적으로도 충실한 책을 만들 수 있다.

DAY
18　ISBN

자가출판해도 정식 작가인 이유/ 최초에는 작가라고 하면, 동인지나 학술지에 글을 등재한 사람들을 가리켰다. 이때만 해도 글을 쓰는 사람들은 소수의 지식인 대접을 받았다.

이후에는 신문의 신춘문예와 신인문학상들이 신인 작가 등단의 장이 되었다. 신춘문예나 문학상으로 등단한 작가들은 순식간에 스타로 자리매김하는 영광도 누렸지만, 그만큼 문이 좁았다. 등단이라는 말

자체가 명예로운 이름이었고, 드라마에서는 고시생의 친구로 매년 신춘문예에 떨어지는 작가 지망생을 그릴 정도로 등단의 벽이 높았다.

지금도 등단 작가는 명예로운 이름이다. 예전보다는 문학상들이 많이 존재하고 등단이 쉬워졌다고는 하지만, 아직도 쉬운 일은 아니다. 문학 외의 장르는 그마저도 쉽지 않다. '자가출판 작가는 진짜 작가는 아닌 것이 아닐까' 주저하게 되지만, 자가출판 작가도 ISBN을 발급받은 책을 출간하면 정식 작가다. 독립출간이나 1인 출판, 전자책의 경우 ISBN을 발급 받지 않는 경우도 있지만, ISBN을 발급 받아야 현실적으로 책의 저자로 자신을 증명하기 좋다.

국제표준자료번호/ 국제적으로 표준화된 방법에 따라 도서 및 연속간행물에 고유번호를 부여하는 제도

ISBN 국제표준도서번호 (International Standard Book Number)
ISBN을 총괄적으로 운영하기 위해서 국제 ISBN 관리기구 (International ISBN Agency)가 1972년 독일 프러시아 문화재도서관(현 베를린주립도서관)에 설치되었으며, 2006년부터 현재까지 영국 런던의 EditEUR에서 ISBN 업무를 담당하고 있다.

ISSN 국제표준연속간행물번호(International Standard Serial Number)
연속간행물(잡지류)에는 ISSN을 발급한다.
ISSN 국제센터(ISSN international Center)도 1972년 프랑스 파리에 설치되어 전세계적으로 ISSN을 체계적으로 관리 및 운영하고 있다.

우리나라에서는 국립중앙도서관 한국서지표준센터가 국가관리기구로 지정되어, 1990년부터 국제 ISBN 관리기구에 가입, 운영하고 있으며, ISBN 및 ISSN의 국내 번호 관리 및 데이터베이스 등 메타데이터를 구축하여 관련 정보를 제공하고 있다.
                              -국립 중앙 도서관 ISBN,ISSN 납본시스템 https://www.nl.go.kr -

---

ISBN 발급 방법과 필요성/ 국립 중앙 도서관 서지정보 시스템 사이트에서 위와 같은 정보를 볼 수 있다. ISBN이나 ISSN은 발행자 번호를 발급받은 출판사에서 발급받을 수 있고, 개인은 발급받지 못한다. 대신 자가출판 플랫폼인 <유페이퍼>나, <부크크>에서 발급을 대행해 준다.

같은 내용의 책이라도 형태가 다르면, 다른 번호를 부여한다. 전자책과 종이책의 ISBN은 다르다. 종이책을 등록하고 전자책을 등록할 때 책의 연관성을 위해서 종이책의 ISBN을 입력하기도 한다. <유페이퍼>에서는 수수료 1000원의 발급비용이 있고 열흘 정도 걸린다. <부크크>에서는 발급 수수료는 무료이고, 하루 이틀 사이에 발급해 준다.

ISBN은 보통 책 뒷표지에 바코드와 함께 들어가 있거나 판권지에 숫자로 들어가 있다. 숫자가 의미하는 바는 위와 같다.

ISBN은 작가에게 증명의 기준이 되기도 하는데, 네이버 인물등록을 하거나, 예술인 경력증명을 받을 때 ISBN을 함께 제출해야 한다. ISBN을 발급받은 책을 쓴 저자는 신인 작가 공모전에 응시할 수 없는 경우도 있기 때문에 문학 공모전으로 등단하려는 사람은 책을 내더라도 ISBN을 발급받지 않는 것이 좋다.

자료의 납본(Legal Deposit)/ **국립중앙도서관은 국가 문헌의 총체적 수집을 통하여 우리 기록문화유산의 후대전승에 기여합니다.**

도서관법 제21조(도서관 자료의 납본)에 따라 누구든지 도서관자료(온라인 자료 중 제23조에 따라 국제표준자료번호를 부여받은 온라인 자료는 포함)를 발행 또는 제작한 경우에는 그 발행일 또는 제작일로부터 30일 이내에 그 도서관자료를 국립중앙도서관에 납본하여야 합니다. 수정 증보판의 경우에도 또한 같습니다.

국가, 지방자치단체 및 그 밖에 대통령령으로 정하는 공공기관이 도서관자료를 국립중앙도서관에 납본하는 경우에는 디지털 파일 형태로도 납본하여야 합니다.

납본·수집되는 도서관자료의 선정, 종류, 형태, 보상 등에 관한 주요사항의 심의를 위하여 도서관자료심의위원회를 설치·운영하고 있습니다.

국립중앙도서관에서는 납본된 도서관자료를 국가문헌으로 영구 보존하여 후대전승은 물론, 대국민 자료이용 서비스에도 제공하고 있습니다.

-국립 중앙 도서관 ISBN,ISSN 납본시스템 -

ISBN을 발급받았다는 것은 법적으로 도서로 인정받았다는 뜻이다. 국내에서 발간된 모든 도서는 도서관법에 따라 국립중앙도서관과 국회도서관에 책을 납본해야 한다. 국립중앙도서관은 ISBN의 발급뿐만 아니라 국내 모든 정식간행물을 모아서 데이터화하고 있다. 노아의 방주처럼 국내 출간된 모든 책을 모으는 것을 납본이라고 하고, 출판사는 의무적으로 출간된 책 2부를 납본해야 한다. 출판사를 운영하지 않아서 경험해보지는 않았지만, ISBN을 발급받고도 국립중앙도서관에 납본하지 않으면, 출판사로 납본 의무 고지서 같은 것이 날아온다. 2권을 의무적으로 납본하게 되어있는데, 국립중앙도서관은 2권을 납본하면 1권의 정가를 지불한다.

<유페이퍼>나 <부크크>에서 책을 출간하면 <부크크>와 <유페이퍼>가 출판사로서 대신 납본해준다. 작가들은 납본에 대해 모르는 경우가 많다. 자가출판 작가들은 납본 의무자도 아니고, 플랫폼이 납본을 대신해준다.

납본을 이해해야 하는 이유/ 납본을 알아두어야 하는 중요한 이유는 책이 납본되어야 도서긴 데이티베이스에서 섬색이 된다. 유통을 위한 서점 데이터베이스와 도서관의 데이터베이스는 달라서, 책이 절판되면 서점에서는 검색되지 않을 수 있지만, 도서관에서는 검색된다. 자신의 저작물이 수집되고, 데이터화 된다는 사실을 알아두면 좋다. 납본 이후에는 희망도서 신청을 이용해서 도서관에 책 구매 요청을 할 수도 있다.

DAY 20 도서 정가제

ISBN을 발급받아서 정식 도서로 인정받았다면, 이제 내 책도 법의 테두리 안으로 들어왔다. 현실에서는 당연하게도 법이 도서를 규정하고, 법의 테두리 안에서 관리한다. 도서에 관한 법률, 출판법, 도서관법, 출판문화산업 진흥법 등 관련 법률의 규제를 받는다. 이 중에서 작가가 꼭 알아두어야 하는 것은 도서 정가제다.

도서 정가제는 2014년에 제정된 법률로 도서의 정가에 대한 할인을 규제한 법안이다. 자가출판 작가들은 책을 만드는 것 뿐 아니라 책의 가격도 직접 책정해야 하는데, 도서 정가제로 인해 한번 정한 가격을 바꾸기 어렵다. 책의 가격을 결정하는 요소는 여러 가지가 있지만, 책을 만들다 보면 사소한 이유로 책값을 바꾸고 싶어 하는 경우가 많이 있다. 도서 정가제를 알아두고, 한번 정한 가격은 바꿀 수 없다는 것을 기억해둬야 한다.

출판문화산업 진흥법 제22조(간행물 정가 표시 및 판매)

① 출판사가 판매를 목적으로 간행물을 발행할 때에는 소비자에게 판매하는 가격(이하 "정가"라 한다.)을 정하여 대통령령으로 정하는 바에 따라 해당 간행물에 표시하여야 한다.
② 발행일부터 12개월이 지난 간행물은 대통령령으로 정하는 바에 따라 정가(定價)를 변경할 수 있다. 이 경우 정가표시는 제1항을 준용한다.
③ 제1항 및 제2항에도 불구하고 전자출판물의 경우에는 출판사가 정가를 서지정보에 명기하고 전자출판물을 판매하는 자는 출판사가 서지정보에 명기한 정가를 구매자가 식별할 수 있도록 판매사이트에 표시하여야 한다.
④ 간행물을 판매하는 자는 이를 정가대로 판매하여야 한다.
⑤ 제4항에도 불구하고 간행물을 판매하는 자는 독서 진흥과 소비자 보호를 위하여 정가의 15퍼센트 이내에서 가격할인과 경제상의 이익을 자유롭게 조합하여 판매할 수 있다. 이 경우 가격할인은 10퍼센트 이내로 하여야 한다.

-법제처 국가법령정보센터 https://www.law.go.kr/-

책값을 정하면 바꾸지 못하는 이유/ 도서 정가제는 최초로 정한 책의 가격에서 10% 이내로만 할인을 가능하게 하는 제도이다. 책의 최초가격을 2만 원으로 정하면 이후에는 18000원까지만 할인할 수 있다는 뜻이다. 12개월, 즉 1년이 지나야만 책의 정가를 다시 정할 수 있다. 심지어 사은품이나 마일리지까지를 모두 합해도 할인율이 15%를 넘으면 안 된다. 가격을 올리는 것은 가능하다고 생각했지만, <부크크>에서 책 가격을 올리고 싶었던 작가님이 문의해 본 결과, 가격 인상도 12개월 이후에 가능하다는 답변을 들었다. 최초에 정한 가격에서 수정이 불가한 것이다. 할인을 제한한 정책 때문에 책 가격이 슬금슬금 올

라서 이제 책 한 권에 15000이 흔하게 되었다.

온라인 서점의 무료배송 정책/ 2023년부터 대형 온라인 서점들이 1만원 이상에 적용하던 무료배송의 가격을 인상했다. 무료배송이 적용되는 최소 구매금액의 인상은 책 가격의 인상으로 이어질 것으로 보인다. 이전에는 13500원에 출시했던 책이 배송비를 포함하면 16000원을 넘게 된다. 책 한 권만 구매한디면, 정가 15000원인 책이 더 저렴해지게 된다. 앞으로 책들의 가격이 15000원을 기준으로 조정될 것으로 보인다.

온라인 책쓰기 강의를 진행해보면 책의 가격을 충동적으로 정하는 경우가 많다. 종이책은 원가를 <부크크>가 제시하기 때문에 가격을 정하는 것이 쉽지만, 전자책은 기준을 어디에 두어야 할지 모르는 경우가 많다. 도서 정가제나, 온라인 서점들의 무료배송 정책을 모르고 가격을 정하고 나면 가격을 수정하고 싶어지기도 한다. 14500원으로 종이책 가격을 정하고 온라인 서점의 배송비 정책을 뒤늦게 알게 된다든지, 책을 구매할 사람이 없을 것으로 예상하고 전자책을 너무 높은 가격으로 설정하고 후회하기도 한다. 책을 쓰는 동안이라도 다른 책들의 가격까지도 눈여겨 보면서, 책 가격을 책정할 때 참고해야 한다. 12개월 경과 후에는 책의 정가를 조정할 수 있다.

TODO LIST

책을 쓰기 시작한지 20일차가 되었습니다. 20일은 아직 만회가 가능한 시간입니다. 매일이 아니면, 혼자 쓰는 사람은 책을 완성하기 어렵습니다. 매일의 루틴을 만들어 가는 것에 집중하시면 좋겠습니다.

작가의 이름 - 본명? 필명?/ 평생 고민할 일이 없었을지도 모르는 타고난 이름은 책을 출간하려고 하는 시점에는 고민거리가 된다. '본명을 사용할 것인가?', '필명을 사용할 것인가?'의 문제다. 주변 사람들이 아는 것이 싫어서, 내용에 사생활이 많아서, SNS 활동명이 더 유명해서, 과거에 낸 작품으로 평가되는 것이 싫어서 등 생각하지도 못한 수많은 이유가 있다.

본명과 필명으로 책을 내는 것이 어떻게 다를까? 어떤 문제들이 있는지 확인해 봐야 한다. 요즘에는 SNS 활동이 활발한 사람들이 많고, 유명인들도 필명, 아이디, 별명 등으로 활동하는 사람이 많다. 분야도 작가, 유튜버, 방송인들을 가리지 않고 자신이 만든 이름으로 활동한다. 우리도 본명을 밝히기 어렵거나 SNS 활동명이 더 유명하다면, 필명으로 사용해도 되지 않을까? 결정하기 전에 고려해야 하는 사항들을 점검해 보자.

필명
-SNS 활동명이 유명하고, 활발할 때
- 웹툰 웹소설 등의 장르물에서는 작가의 이름이 작품의 정체성과 결합하면 더 기억하기 좋다.
- 본명이 동명이인이 많으면 필명으로 활동하는 것이 유리하다.

본명
- 책과 관련된 직종에서 경력 입증이 필요한 경우
- 오프라인 활동이 주가 되는 경우
- 동명이인이 거의 없는 경우
- 학술관련 저서, 실용서나, 전문서적의 경우
- 책을 경력으로 소개할 일이 많은 경우

간단하게 필명과 본명을 사용해야 하는 경우를 나눴지만, 개인적인 이유로 선택해도 상관없다. 현실적인 이유로 책을 소개해야 할 때 지은이와 자신을 동일시할 수 있으면 된다. 요즘은 많은 정보를 검색을 통하기 때문에 검색했을 때 유리한 이름을 택하는 것도 중요하다.

본명을 쓰는 것이 유리한 이유/ 필명으로 활동하면 불편한 경우가 생긴다. 책을 쓴 사람이라는 증거를 제출해야 하는 경우가 생기는데, 보통은 출판사가 출간확인서를 작성해준다. 자가출판 작가도 <유페이퍼>나 <부크크>로 출간확인서를 요청할 수는 있으나, 자가출판 플랫폼은 원할 때 답변해준다는 보장이 없다. 네이버 인물등록, 예술인 활동증명 등에 작가라는 사실을 입증할 때는 본명이 훨씬 편리하다.

실용서나, 경제, 재테크 관련 서적의 경우는 작가의 신뢰도도 중요한 축으로 작용한다. 예전에는 실명이 무조건 유리한 장르 중의 하나였다. 요즘은 유튜버들이 대거 책을 내기 시작하면서 본명과 경력이 중요한 장르도 줄어들었다. 쓰고 있는 책의 장르적 특성도 고려해서 결정해야 한다. 이외에도 오프라인을 중심으로 활동하거나, 이력에 책을 많이 사용하는 경우, 학술적인 내용의 책을 내는 경우에도 본명을 사용하는 것이 유리하다.

똑똑하게 필명 사용하기/ 필명을 사용하더라도 본명과 함께 기재하는 것이 좋다. 나는 동명이인이 매우 많은 이름이기 때문에 필명으로 등록했다. 처음에는 '올레비엔'이라는 SNS 활동명을 기재할 생각이 없었는데, 네이버 인물등록 과정에서 동명이인이 100명이 넘는 바람에 '올레비엔'으로 인물등록을 하게 되었다. 결과적으로 첫 책과 두 번째 책의 작가 이름 표기법이 다르다. 작가 이름이 '김지혜'에서 '김지혜

(올레비엔)'으로 바뀌었다. 여기서 문제가 생겼다. 두 책을 온라인 서점에서 한 작가의 책으로 인식하지 않는다는 점이다. 본명을 쓰든, 필명을 쓰든 검색을 통해서 같은 사람이 많거나, 연관검색어 문제가 있는지 한두 번은 꼭 검색해보고 이름을 정해야 한다.

추천하는 표기법은 김지혜(올레비엔)의 형식으로 기재하는 것을 권장한다. 어떤 책은 본명으로 내고, 어떤 책은 필명으로 내고, 어떤 책은 병기하면, 서점에서는 모두 다른 작가의 책으로 인식하기 때문에 작가 이름을 정하는 것도 신중해야 한다. 물론 유명해지면 합쳐 준다.

본명과 필명을 같이 사용하면 예술인 활동증명이나 네이버 인물등록, 전자책을 등록할 때, 책의 작가라고 증명할 필요가 거의 없어진다.

TODO LIST 1.작가 이름을 어떻게 사용할지 내 이름을 검색해보자, 2.필명으로 사용할 이름도 검색해보자. 3.당장 정하기 어렵다면, 후보를 몇 개 적어보자.

본명
_____

필명
_____

_____

DAY 22 책을 대표하는 3가지- 제목1

제목을 정하는 일은 책의 운명을 정하는 일이다. 책 제목은 모든 사항을 다 고려해서 지어도 100점이 아닐 때도 있고, 직관적으로 지

없는데 200점일 수 있다. 책 제목의 힘은 책의 요소 중에서 가장 강력한 무기가 될 수 있고, 고려해야 할 요소도 수없이 많다. 책의 제목은 원고가 시작될 때부터 끝날 때까지 고민해야 하는 문제이다.

제목이 만나는 사람들/ 제목이 책에서 차지하는 비중이 얼마나 큰가를 생각해 볼 필요가 있다. 우리가 쓴 책을 만나는 사람이 100이라면, 제목만 본 사람이 50, 지인이 10, 표지를 본 사람은 30, 목차까지 본 사람은 5, 책을 사는 사람이 1, 읽는 사람이 1 정도 될 것이다.

제시한 숫자는 통계적 근거가 있는 것은 아니고 단순 가정이다. 그러나, 완전히 터무니 없는 것은 아니다. 책을 읽게 만드는 것은 100명을 만나서 설득하면 1명이 넘어오는 어려운 일이다. 연애도 열 번 찍으면 넘어가는데, 책은 100번은 찍어야 한다. 100번 찍어서 3명이 넘어오게 하는 비법이 바로 좋은 제목이다. 온갖 방법을 동원해서 책을 홍보하고, 소개하려고 노력하지만, 책의 내용을 알리기는 어려운 일이다. 우리 책을 한 번이라도 스쳐 간 사람들이 기억하는 것은 책의 표지나, 제목인 경우가 많다. 어렵게 쓴 원고보다 충동적으로 지었을지 모르는 제목이 더 많은 사람에게 알려지는 것이다.

제목은 책의 정체성이고, 거의 모든 것이다. 내용을 완벽하게 설명한다고 좋은 제목을 지을 수 있는 것은 아니다. 제목의 요소를 살펴보면서 좋은 제목을 지을 수 있는 요건을 따져보려고 한다.

제목은 책을 노출 시킨다.- 키워드/ 자가출판 작가들에게 가장 어려운 것은 책을 홍보하는 일이다. 비용을 들여도 어렵고, 비용 없이 홍보하는 것은 더 어렵다. 자가출판 작가에게 가장 효율적인 홍보방법은 제목이다. 창의적이거나 기억에 남는 제목일 때도 있고, 보통은 검색이 잘되는 제목이 필수적이다. 제목에는 꼭 키워드가 들어가야 한다. 뭔가를 배우거나 책을 찾아볼 때 검색을 이용하는 것을 활용해야 한다. 독자가 어떤 단어로 검색할까를 고민해서 제목에 끼워 넣어야 책을 노출 시킬 수 있다. 이 키워드는 책의 정체성이 된다.

검색되는 키워드를 제목에 넣기/ 나는 『90일 작가 되기』라는 이름이 처음부터 마음에 들었고, 온라인 강의와 블로그에도 사용하고 있다. 문제는 작가가 되고 싶은 사람은 '책쓰기'를 검색한다는 점이다. '책쓰기'라는 단어가 들어가지 않으면 작가가 되고 싶은 사람과 만날 수가 없다. 책쓰기'라는 단어가 들어간 책이 별로 없기까지 하다면, 독자는 링크로 들어가서 책 내용을 확인해 본다. 제목은 무명작가의 책을 검색이 되는 책으로 만드는 기능이 있다.

제목이 가지는 키워드의 기능을 이해했다면, 검색에 유리한 키워드, 대표키워드 중에 골라서 유리한 것으로 정해야 한다. '책쓰기'는 대표키워드에 가깝지만, 항상 유리한 것은 아니다. 만약 대표키워드가 '꽃'이라면 꽃이 들어간 도서는 너무 많아서 변별력이 없어진다. 이런 때는 범위를 좁혀서 검색에 유리한 키워드를 제목에 넣는 것이 좋다.

<프로 한 달 여행러의: 진주 살아보기>가 대표적으로 키워드를 활용한 제목이라고 볼 수 있다. 한 달 여행이 대세이기는 하지만 국내 여행의 지역별 여행기가 아직도 많은 것은 아니다. '진주'라는 변별력이 높고, 범위가 적은 키워드와 '한 달 여행'이라는 트렌드에 '살아보기'라는 정체성을 담아서 지은 제목이다. 제목을 이렇게 짓고 싶지는 않았지만, 이 이름 덕분에 기대한 것보다는 많은 독자를 만났다. 진짜 정하고 싶었던 제목은 부제로 넣었다. 부제는 <진주가 맛있나 논쟁>이었다. 여기서도 책의 제목을 소개하면서, 내 책의 존재를 몰랐던 사

람도 제목은 알게 되었다. 이렇게 제목은 여러 방법으로 가장 많은 독자를 만나는 정체성이면서 키워드이다.

제목은 독자를 타겟팅 한다./ 많은 책들이 독자를 한정한다. 독자를 한정한다는 것은 범위를 좁힌다는 뜻이라기보다는 필요한 독자를 찾아가는 것이다. 상품의 포지셔닝과 비슷한 개념이라고 보면 된다. 교육 관련 책이 타겟팅이 분명한 경우가 많은데, '초보자를 위한', '디자이너를 위한', '비지니스를 위한' 같이 어떤 사람에게 필요한 책인지를 알려주면서 용도를 분명히 하고, 독자도 필요한 책을 쉽게 찾을 수 있다. 책의 내용에 따라서는 독자층이 매우 중요하기도 하고 책의 변별력이 되기도 하다.

어학 교육을 위한 책이라고 가정하면, '여행자를 위한 여행 회화' 같은 제목은 사는 사람도 많고, 출간된 도서도 많다. 만약 '해외 취업 요리사를 위한 영어 회화' 책이라면, 책을 구하기도 어렵고 독자는 책의 내용과 난이도, 성격을 한 번에 이해할 수 있다. 독자의 구매까지 이어지는 것도 어렵지 않지만, 대상독자층이 아주 적을 가능성이 크다. 예상 독자의 수가 적어서 상업 출판에서는 '해외 취업 요리사를 위한 영어 회화' 같은 책을 내는 것은 어려울 수 있지만, 자가출판에서는 충분히 가능하고, 오히려 꾸준히 팔리는 책이 될지도 모른다.

온라인 책쓰기 클래스에서 출판사와 계약에 성공한 책들도 타겟이 제목에 드러난 책이었다. <해외 영업 바이블>, <나는 시니어 인플루언서다.> 이 두 권의 책은 타겟이 분명하다는 공통점이 있다.

독자에게 이익을 제시해야 쉽다./ 독자 타겟팅에서 다른 중요한 한 가지는 바로 독자의 이익이다. 책은 수만 권의 다른 책들과 경쟁하는 것이 아니다. 비슷한 내용의 수십 권과만 경쟁한다. 이때 신인 작가가 선택을 받는 방법은 제목으로 이기는 것이다. 독자의 이익을 명확하게 제시해서, 책을 매력적으로 만들어야 한다. 쇼핑몰의 50% 세일 문구처럼 명확한 문구로 독자를 설득할 수 있는 것이 제목의 기능이다. 대표적으로는 '1000원으로 만드는 자취 요리' 같은 제목이 있다. 쓰고 보니 『90일 종이책 작가 되기』와 구조가 완전히 같은 제목이다. 정해진 조건으로 도달할 수 있는 성과를 분명히 제시하는 것이다. 이런 류의 제목은 책의 컨셉이라고도 볼 수 있다.

실용서에서는 몇몇 유명한 저자보다, 잘 타겟팅한 제목이 백배 나을 수 있다. 독자들도 영어를 배우는데 특별한 비법이 없다는 것을 알기 때문이다. 독자에게 필요한 포인트를 제목으로 잘 알려준다면, 실용서에서는 신인 작가도 충분히 경쟁력이 있다.

TODO LIST 책의 가제를 다양하게 적어보자,

1. 키워드를 넣은 가제
2. 독자층을 넣은 가제
3. 독자 범위를 좁힌 가제.

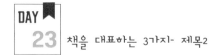
제목은 작가를 규정한다./ 첫 책을 쓰는 사람은 두 부류이다. 경력을 만들기 위해서 쓰거나, 개인적인 만족을 위해서 책을 쓴다. 어떤 경우라도 작가가 되면 자신을 소개할 때 책으로 소개하는 것이 편할 때가 있다. 한마디로 정체성을 드러낼 수 있기 때문이다.

새로운 사람을 만날 때 명함을 받고도 그 사람이 정확히 무슨 일을 하는지 알기 어려운 경우가 종종 있다. 책 제목이 꼭 직업이 아닐 수 있지만, 작가를 규정한다. 직업보다 정체성에 가깝다고 볼 수 있다. 만약 지금 쓰고 있는 책이 경력이 되기를 원한다면 이 점을 기억해야 한다. 교육에 종사하는 강사라면 책의 제목에 강의의 정체성이 드러나 있으면 좋다. <시니어를 위한 미리캔버스의 정석>을 쓴 작가님도 온라인 수업에 참여한 학생이었다. 제목만 봐도 어떤 강의를 하는 분인지 알 수 있다. 이런 제목은 책이 얼마나 팔리는 가와 상관없이 작가의 경력에서 좋은 시작점이 되어 준다. 참고로 강사는 자가출판에서 책을 가장 잘 파는 직종 중에 하나다.

제목에도 유행이 있다./ 제목에도 유행이 있다. 긴 제목이 유행할 때도 있고, 짧은 제목이 유행하기도 한다. '아침형 인간' 같은 특정 단어는 자기계발서에서 수없이 아류작을 만드는 제목이다. 제목은 책의 내용을 대변하는 기능적 요소이지만, 책의 감성을 대표한다. 트랜드나 감성은 개인마다 수용의 폭이 다르기 때문에 어떤 제목이 성공할지 예측하는 것은 전문가들에게도 어려운 영역이다. 감성이나 트랜드에 치중하면 전달력이 떨어지게 되기도 한다. 제목은 10만 자 넘게 쓴 책의 내용 중 가장 상징적인 단어를 사용해서 효율적이고, 직관적으로 내용을 표현하는 어려운 일이다. 다양한 제목을 꾸준히 만들어 보는 것 밖에는 답이 없다. 중요한 것은 많은 책을 보면서 감각적으로도 훈련해야 한다. 제목의 키워드를 정하고 하나의 매력적인 제목으로 꿰는 실은 트랜드를 담은 단어나 문장이기 때문이다.

제목을 짓는 노하우 - 동의어와 조합/『시키는 대로 책쓰기- 90일 종이책 작가 되기』는 사실 욕심이 가득 들어가서 독자에게 호소하는 제목이다. 이 책을 사면 90일이면 책을 만들 수 있으니 제발 한 번만 봐달라는 애절한 마음을 담았다. 완성된 제목은 어디선가 들어본 듯한 자연스러운 모습이지만 제목을 만들 때는 여러 대안과 비교하고 조합해가면서 만들었다. 좋은 제목은 한 번에 완성할 수 있는 것이 아니다. 한 종류의 제목이 생각나면 여러 가지로 발전시키면서 더 좋은 제목을 찾아내는 동의어 찾기 퀴즈로 생각하면 좋다.

시키는 대로 책쓰기 플래너
정해주는대로 책쓰기 노트
따라하기만 하면 책쓰기 완성, 일정표

이런 방식으로 동의어와 조합을 이용해서 다양하게 제목의 후보군을 늘렸다. 하루 분량으로 책쓰기를 계획한 책의 컨셉이 드러날 수 있도록, 다이어리, 일정표, 스케줄러 같은 단어를 가져와서 이미지를 구체화 시켰다.

검색으로 비교하고 결정한다./ 제목을 정하는 동안에도 계속 검색을 통해서 좋은 단어를 찾고, 비슷한 이름의 책이 있는지 확인해야 하고, 최종 결정을 하기 전에는 반드시 검색을 해봐야 한다. 중복되는 책이 있는지, 제목을 검색했을 때 연관검색어로 자동수정되지는 않는지, 비슷한 제목과 혼동될 염려는 없는지 확인해야 한다. 책을 검색할 때는 네이버나, 다음 같은 포털을 이용하고, 온라인 서점과 도서관사이트도 이용하면 좋다. 도서관사이트도 검색해야 하는 이유는 온라인 서점에 없는 절판된 책도 검색되기 때문이다. 제목을 정할 때는 몰랐지만, 비슷한 제목의 유명한 고전이 있어서, 아류작으로 인식되거나, 다른 장르의 책으로 인식되면 곤란해진다.

네이버 https://www.naver.com/
구글 https://www.google.co.kr/
교보문고 https://www.kyobobook.co.kr
국립중앙도서관 https://www.nl.go.kr

위의 4가지 사이트에서는 필수적으로 검색해봐야 한다.

TODO LIST 1.가제의 단어를 분해해서 동의어와 유의어를 다양하게 나열하자. 2.동이어를 조합해서 다양한 조합의 가제를 확장하자. 3.가제를 검색해보자.

DAY 24 팔리는 책

책을 판다는 것의 의미/ 온라인 책쓰기 강의를 진행하면서 다양한 주제와 다양한 이유로 책을 쓰려는 분들을 만났지만, 아직까지는 책을 판매하지 않으려는 분을 만나지 못했다. 대부분은 책이 많이 팔릴 것이라 기대하지 않는 분이 많았고, 많이 팔릴 책을 쓰고 싶은 분도 당연히 많았다. 책을 판매하고 싶은 욕망에서 글을 쓰는 행위가 어떤 것인지 깨달았다. 책은 모르는 사람과 소통하기 위한 수단이고, 모든 작가는 누군가 읽어주기를 바라면서 글을 쓴다. 판매 하지 않으면, 모르는 사람과 소통이 더 어려워진다. 책이 얼마나 읽히는지도 알 수 없다. 판매는 책이 세상과 소통한다는 증거다.

책은 돈을 잘 벌기에는 가장 어려운 수단이다. 돈을 벌려면 다른 일을 찾는 것이 빠르다. 그럼에도 팔리는 책을 쓰고 싶은 이유는 조금 다른 이유다. 내용이 완성도 있다는 인정을 받았고, 많은 사람에게 공감을 얻었고, 어떤 사람에게는 새로운 계기를 주었을지도 모른다. 누군가의 마음에 파장을 불러일으켰다는 증거, 많은 독자와 소통에 성공했다는 증거가 바로 '잘 팔린다.'라는 뜻이다. 책이 잘 팔리면, 강의나 기고 등을 통해서 부수입을 챙기거나 경력에 도움이 되기 때문에 팔리는 책이 중요하다.

팔리는 책의 요건/ 어떤 책이든 작가의 노력이 들어가지 않은 책은 없고, 특정 분야는 비슷비슷한 내용의 책들이 넘쳐나는데, 어떻게 해야 많은 책들 중에서 '팔리는 책'으로 만들 수 있을까?

믿을 만한 좋은 책/ 잘 팔리는 책의 첫 번째 조건은 신뢰도이다. 책은 다른 매체들에 비해서 시간을 많이 투자해야 하는 가성비 떨어지는 매체다. 끝까지 다 본 후에야 시간 낭비였다는 사실을 깨닫기도 한다. 소중한 시간을 낭비하지 않기 위해서 독자들은 신뢰할 수 있는 책을 고른다. 유명 작가의 책을 사는 것이다. 완성도가 보장되고, 취향에 맞고, 이전에 읽었던 경험이 있는 작가, 신뢰할만한 사람이 추천한 책을 고른다. 작가의 인지도, 충성도가 중요해서 요즘은 팔로워가 많은 인플루언서의 책도 많이 나왔다.

책의 신뢰도를 가늠하는 다른 요소로는 작가의 전문성도 있다. 그 분야의 경력이나 학력이 기준이 되기도 한다. 결국, 독자가 생각하는 신뢰도는 작가의 유명세나 학력과 경력이다. 우리에게는 아직 없는 조건인 셈인데, 다행히 팔리는 책의 요건은 아직 많이 남았다.

작가의 의무 - 좋은 책/ 팔리는 책의 공통적인 요건이 있다면, 완성도 있는 내용이다. 유용한 정부, 작가가 제시히는 감정적, 칠학직 이슈, 빠져드는 재미, 다른 책과 구별되는 깊이라고 할 수 있다. 자가출판 작가가 항상 고민해야 하는 것도 완성도이다. 혼자서 모든 과정을 진행해야 하고, 전문가가 아니다 보니 완성도를 내기 어렵다. 다른 분야라면 모르지만, 글만큼은 충분히 완성도를 낼 수 있다. 글의 완성도는 작가가 얼마나 갈고 닦았느냐의 문제이기 때문이다. 완성도를 갖추지 않고 오랫동안 잘 팔리는 책은 없다. 완성도는 작가의 의무다.

아이디어가 비법이 된다./ 자가출판 작가가 팔리는 책으로 만들기 위해서 공략해야 하는 지점이 있다면, 아이디어. 거의 모든 분야에 비슷한 책이 많이 있는 상태에서 독자의 선택을 받기 위해서는 같은 내용도 잘 가공해서 새롭게 만드는 것이 중요하다. 『90일 종이책 작가 되기』 역시 '비슷한 책들 사이에서 어떻게 아이디어를 담을까'를 고민했다. 매일 쓰는 다이어리나 문제집에서 아이디어를 가져왔다. 덕분에 한 권으로 기획했던 책을 총 150꼭지로 나누어 쓰는 고통을 겪고 있다.

아이디어는 같은 문제를 새롭게 인식하거나, 더 쉬운 답을 줄 수도 있고, 창의적인 '새'아이디어는 언제나 사람들이 좋아한다. 자가출판은 상업 출판과 달리 자유롭게 실험할 수 있고, 다양하게 표현할 수 있다. 그래서, 요즘은 대형 출판사조차 독립출판 냄새가 나는 책을 만들기도 한다. 새로운 것처럼 보여지고 싶기 때문이다. 새롭게 보여주는 것, 아이디어를 더하는 것이 신인 작가의 팔리는 비결이 될 수 있다.

팔리는 제목으로 만들기/ 아이디어와 책의 완성도를 동시에 드러낼 수 있는 제목은 독자에게 이익을 명료하게 제시하는 방법이다.

따라 하면서 쉽게 배우는 포토샵

포토샵 10일 완성

실무 디자이너 고급 포토샵

쉽거나, 빠르거나, 수준이 높다고 하는 명확한 이익을 보여줘야 한다. 책쓰기 책들도 기간을 강조하는 내용이 많다. '매일 1시간 글쓰기', '하루 한 문장 명언' 같은 제목도 명확한 이익을 제시했다. 『90일 종이책 작가 되기』도 독자에게 명료하게 도달점을 제시한 제목이다. 90일이 이익인지 부담인지는 모르겠지만 그렇다.

실질적인 이익 외에도 감성이 주는 이익이라던지, 너만 모르는 비밀, 목표에 도달하기 위한 필수 지식으로 독자의 이익을 선명하게 보여주면, 신인 작가의 책도 팔리는 책이 될 수 있다.

팔리기 위해서는 유행을 잘 타야 할 수도 있다. 『프로 한 달러의 진주 살아보기』는 유행을 잘 탄 제목이다. '한 달 살기'를 책의 제목에 넣어서 유행에 탑승하고 싶었다. 사람들의 관심이 많이 쏠리는 시기에는 절대 독자의 풀이 늘어난다. 그때는 신인 작가에게도 기회가 찾아 온다. 특히 자기계발서 같은 분야는 쏠림이 심하다. 원하는 내용을 쓰되 트랜드에 올라타서 책을 홍보할 수 있다.

가격과 홍보/ 가격과 홍보도 중요한 요소 중 하나다. 아무리 매력적으로 책을 구성해도 가격이 터무니없거나, 아무도 모른다면, 팔릴 수 없다. 많이 팔리려면 적당히 저렴해야 하고, 가능한 모든 방법으로 홍보도 해야 한다. 자가출판 작가는 가격을 낮추는 것도 어렵고, 홍보도 어렵다. 적정한 가격으로 책정하고, 꾸준히 홍보하는 것만이 답이다..

충동 구매에 적절한 책/ 팔리는 책의 요건 중에서 의외의 부분일 수 있는데, 가벼운 책이다. 가격도 가볍고, 내용도 가볍고, 가방에 넣어 다니기 예쁜 그런 종류의 책도 좋다. 분량에서 나뒀듯이 책의 분량은 많아서 좋을 때도 있고, 적어서 좋을 때도 있다. 다만, 팔리는 책의 요건에서는 좀 다르다. 27,000원 정도 하는 두꺼운 책은 필요해야 산다. 7,800원짜리 이쁜 책은 그냥 산다. 물론 충동적으로 구매하는 책은 오프라인 서점에서 절대적으로 유리하지만, 팔리는 책을 구상한다면 고려해야 할 요소이다. 독자가 살 수 있게 독려할 수 있는 요소를 찾아야 한다. 그것이 가벼운 가격이든, 이쁜 외모이든, 사은품이든 충동 구매를 도와야 한다.

아쉽게도 팔리는 책이라고 해서 작가를 부자로 만들어 주지는 않는다. 잘 팔리는 책의 작가, 베스트셀러 작가는 명예직이다. 팔리는 책이라고 썼지만, 독자와 더 많이 소통하는 법이고, 공감을 얻는 법이다. 자가출판이라고 해서 팔리는 책을 못 만들라는 법은 없다. 작가는 눈에 보이지도 않는 생각을 파는 사람이고, 생각은 세상을 조금씩 바꾼다. 우리는 생각을 파는 법을 연구 중이다.

TODO LIST 내 책의 팔릴만한 아이디어를 5개 적어보자, 사람들이 익숙하게 잘 아는 포맷을 차용해보는 것도 좋다.

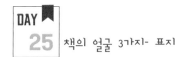
표지가 갖춰야 할 최소한의 기준/ 지금까지 책 제목의 중요성에 대해서 이야기 했다. 그렇다면, 책의 표지는 어떨까? 거리를 다닐 때, 지나치는 사람의 직업이 무엇인지, 좋은 사람인지 나쁜 사람인지 알지 못한다. 그러나 옷차림이나 외모에서 각각의 인상을 받는다. 예쁜 사람, 멋있는 사람, 눈에 띄는 사람 등 외모적 차이를 짧은 시간에 직관적으로 이해한다. 세상에는 나를 아는 지인이 더 많을까. 아니면 스쳐 간 사람들이 더 많을까? 당연히 스쳐 지나간 사람들이 더 많다. 책의 표지도 이와 같다. 스쳐 지나가는 사람에게 좋은 인상을 받을 수 있도록 매력적이어야 하는 것이 표지가 갖춰야 할 최소한의 요건이다.

낙제하면 안 되는 직관의 영역/ 표지는 내 책의 얼굴이고, 제목처럼 많이 노출되지만, 직관의 영역 안에 있다. 좋은 제목도 걸맞는 표지일 때 더 힘을 발휘한다. 직관의 영역에서는 평가가 순식간에 끝나버린다. 찰나의 순간에 책의 완성도나 내용을 상징하게 되는 것이 표지다. 표지가 아름답고 공이 많이 든 책은 기대감이 생기고, 표지의 완성도가 떨어지면, 기대감도 떨어지고 구매로는 이어지기 힘들다. 표지에서 낙제하지 않아야, 글을 보여줄 수 있다.

자가출판 작가들에게서 가장 안타까운 점이 바로 표지다. 독자가 읽는 시간은 하루에서 일주일 사이겠지만, 책을 쓰는 데는 몇 달에서 몇 년의 노력을 갈아 넣는다. 작가의 노력과 책의 내용을 한 장에 응축하는 것이 표지인데, 자가출판 작가들에게 표지는 약점이 되고 말았다. <유페이퍼>나 <부크크>를 잠시만 둘러봐도 자가출판만의 표지 분위기가 있다. 플랫폼이 제공하는 기본 표지를 많이 써서 비슷하거나 똑같은 표지가 많고, 전반적으로 완성도가 높지 않다. 표지가 아마추어로 보이면, 책의 내용도 신뢰를 얻기 힘들다. 단, 교재나 특정 매뉴얼 같은 일부 종류의 책들은 표지의 완성도가 높지 않아도 별문제 없는 경우도 있다. 지난 몇 달간의 노력이 1초 만에 평가절하되지 않으려면, 특히 신경 써야 할 부분이 표지다. 요즘은 <미리캔버스>나 <캔바>등 여러 가지 쉬운 디자인 플랫폼이 존재하기 때문에 쉽게 표지 디자인을 만들 수 있고, 플랫폼이 제공하는 유료표지를 이용해서 표지를 만들어도 된다. 만들 수 있으면 만들고, 살 수 있으면 사도 좋다.

디자이너가 아닌 일반인이 처음으로 디자인을 해서 완성도 높은 표지를 만든다는 것은 매우 어렵다. 그러나 지킬 것만 지키면, 간단하면서도 세련되게 표지 디자인을 할 수 있다.

이미지를 언어로 이해하기/ 작가가 되고 싶었는데, 북 디자이너가 되어버린 초보자는 어떻게 해야 완성도 높은 표지를 만들 수 있을까? 먼저, 이미지도 언어라는 점을 이해해야 한다. 표지를 구성하는 것에는 색, 글자의 크기나 모양, 그림이나 사진이 있다. 모든 요소가 시각적 상징물이며 언어다. 재테크, 경제 관련 책에는 상승을 뜻하는 화살표나 돈의 이미지를 넣고, 글쓰기 책에는 펜이나 원고지, 환경 관련 책은 녹색을 채택하는 것이 이미지가 상징언어라는 증거다. 어떤 이미지나 색을 택할 때 상징을 바탕으로 소통해야 한다.

상징을 이해한다고 하더라도 독자는 표지 전체를 그림으로 받아들인다. 상징이 아무리 명확해도 미적으로 아름다워야 하는데, 매력적이지 않으면, 표지의 기능을 제대로 하지 못한다.

참고할 표지를 많이 수집하기/ 표지의 디자인적인 완성도를 글로 설명하는 것은 불가능하다. 앞으로 표지 만드는 법을 설명하겠지만, 디자인은 아는 것과 할 수 있는 것이 완전히 다른 영역이다. 지금 해야 할 일은 안목을 높이는 것인데, 가장 빠른 방법은 다른 좋은 표지를 수집하는 것이다.

마음에 드는 표지 사진을 많이 수집해서, 마음에 드는 부분 중에 내 책에 쓰고 싶은 요소를 찾는다. 표지의 색이 마음에 들어서 같은 색으로 하고 싶다거나, 글씨체가 마음에 든다거나, 구도를 비슷하게 만들고 싶다던가 구체적으로 다른 책의 좋은 요소들을 모아서 내 책 표지를 만든다고 생각하면 된다. 서점에 직접 가거나, 온라인 서점에서 마음에 드는 표지를 만나면 사진을 찍어두건, 스크린 샷을 찍어서 수집해 두면 좋다. 실물 사진을 찍을 때는 앞표지, 뒷표지, 책등, 책날개 모든 부분을 찍어놓아야 나중에 참고할 수 있다.

표지의 구성요소 따라 하기/ 표지 디자인을 할 때 완성도를 높이는 다른 방법은 각 부분에 필요한 요소를 밀도 있게 삽입하는 것도 방법이 될 수 있다. 디자인이 마음에 드는 책이 있다면, 그 책의 표지의 요소가 무엇인지 확인하고, 그 요소들을 다 만들어서 넣는 것이 좋다. 표지에 들어가는 카피라던지, 부제 같은 요소가 몇 개나 들어있는지 유심히 살펴보는 버릇이 필요하다. 앞으로 더 자세히 설명하겠다.

TODO LIST 참고하고 싶은 표지를 최소 3개 수집하자.

1.색이 마음에 드는 표지 2.구도가 마음에 드는 표지 3.글씨가 마음에 드는 표지 4.그림이 마음에드는 표지 5.따라 만들고 싶은 표지 6.마음에 드는 뒷표지 7.책 날개 참고용 표지

시키는 대로 책쓰기 플래너 2

90일
종이책
작가되기

DAY **26-34**

자가출판이란/ 자가출판은 누구나 비용 없이 책을 만드는 전 과정을 직접 수행해서 책을 만드는 것이다. 책을 출간하는 과정에는 출판사, 편집자, 디자이너, 인쇄소, 홍보담당자 등의 협업이 필요하다. 이 모든 과정을 작가가 직접 수행한다. 자가출판의 핵심 키워드는 누구나, 비용, 크리에이터, 플랫폼이라고 볼 수 있다. 그래서, 작가가 자신의 책을 내기 위해서 설립한 1인 출판사나 소규모 독립출판사와 혼동된다. 출판사를 직접 운영해야 한다면, 누구나 책을 만들 수는 없다.

현시점에서 자가출판이란,
누구나 북크리에이터로 책을 쓰고 직접 디자인해서,
자가출판 플랫폼을 통해서 비용 없이 출간하고 유통하는 것이다.
이전에 자가출판이 책을 쓰고, 일련의 과정을 외부에 맡기거나 제작하고 판매, 유통까지를 직접 하는 인디출판에 가까웠다면, 지금의 자가출판은 플랫폼을 이용하는 플랫폼 출판에 더 가깝다.

출판사를 설립하지 않고도, 플랫폼이 ISBN 발급 대행과 인쇄, 유통, 판매를 대행 해주는 역할을 하고, 자가출판의 작가는 북크리에이터로 책을 쓰고 디자인하는 과정에 집중할 수 있게 됐다.

『90일 종이책 작가 되기』의 제목이 책쓰기가 아닌 이유는 책을 쓰고, 만드는 자가출판 북크리에이터의 과정을 담고 있기 때문이다. 이 책을 다 이해하고 실천하면 스스로 책을 만들어서 판매할 수 있어서, 비용 없이 작가가 될 수 있다. 출판사를 설립할 수도 있지만, 비전문가인 작가가 글을 쓰고, 책을 원하는 모습으로 만드는 과정에만 집중하면서 누구나 쓰고, 책의 완성도를 높이는 것이 목적이다.

자가출판이 만들 다양성/ 자가출판은 POD출판 방식을 이용해서 작가가 책을 스스로 만드는 과정이다. POD출판 플랫폼을 이용하면, 종이책을 만드는 모든 과정을 작가 한 사람이 할 수 있다. 비용을 아낄뿐 아니라, 다양한 주제로 어떤 내용도 책으로 만드는 것이 가능하다. 한국은 독립적인 언어를 쓰고 현대적 출판의 역사도 짧아서, 분야별로 모든 책이 다 있지 않다. 한국 출판시장에서 다양한 이야기들이 책으로 만들어져서 더이상 외국 서적을 찾아보지 않도록, 다양한 책들이 탄생하는 계기를 자가출판이 만들면 좋겠다.

자가출판이 만들 책의 르네상스/ 지금까지 작가는 존경받은 이유는 사실 단순했다. 책을 만들어 내는 기술과 비용의 소모가 컸기 때문이다. 겨우 100년 전만 해도 지금에 비해 문맹률이 월등하게 높았다. 문맹률이 높았다는 것은 '책을 읽을 만한 사람들이 많지 않았다'는 뜻이다. 공교육이 의무화된 것조차 얼마 되지 않았으니, 책은 이제야 겨우 공교육을 통해 읽을 권리가 되었다. 읽을 권리를 찾는데 이렇게 오래 걸렸는데, 책을 쓰는 것은 오랫동안 특별한 계층만의 것이었다. 왕의 기록이나, 학자, 종교인들의 것이었다. 책의 내용은 법이자 왕의 말이었고, 신의 뜻이었다. 저자의 이름은 이후 어떤 권력이 그러했듯이 경제인들에게로 옮겨왔다. 성공한 사업가들이 정치인과 학자들 사이에 끼어들어 성공신화나 자서전을 냈다. 불과 20~30여 년 전의 일이다. 책은 이렇게 범인들은 범접하기 어려운 영역이었다.

그러나, 세상에서 수학과 더불어 가장 순수한 언어인 글이 과연 주인이 있을까? 이제부터가 진정한 글과 책의 진가를 드러낼 시대가 되었다고 생각한다. 책의 르네상스는 이제 겨우 시작되었다.

DAY 27 전자출판의 시작

자가출판의 종류는 대표적으로 전자출판과 POD로 대표된다. 자가출판이 시작된 이유는 역시 책의 가치 때문이었다.

프로젝트 구텐베르크(Project Gutenberg,PG) https://www.gutenberg.org/
인류의 자료를 모아서 전자정보로 저장하고 배포하는 프로젝트로, 1971년 미국인 마이클 하트(Michael Hart)가 시작했다.
인쇄술을 통해 지식의 전달을 급속도로 확장시킨 요하네스 구텐베르크의 이름에서 따온 것으로, 인터넷에 전자화된 문서(e-text)를 저장해 놓고 누구나 무료로 책을 받아 읽을 수 있는 가상 도서관을 만드는 것을 목표로 한다. 수많은 자원봉사자들이 인터넷을 이용해 기여하여 만들어지는 프로젝트로 수많은 고전의 원문이 모여 있다. 등록된 전자책은 대부분이 서구의 문학작품으로 이루어져 있다.

- 프로젝트 구텐베르크. (2023년 4월 9일). 위키백과. 09:21, https://ko.wikipedia.org/ -

---

자가출판의 시초라고 볼 수 있는 전자출판은 1970년대에 <프로젝트 구텐베르크>로 시작되었다. 전자책의 시작은 비용을 최소화해서 인류 문화유산인 책을 공유하는 것이었다. 전자책을 공유하기 위해서 시작했지만, 비용 없는 출간으로 이어졌고, 일반인의 자가출판이 전자출판에서 시작되었다. 구텐베르크는 인쇄술과 전자출판으로 두 번의 혁신을 만들어 낸 셈이다.

전자출판으로 누구나 책을 낼 수 있게 되었지만, 현실적으로는 누구나 낼 수 없었다. 2000년 이전까지만 해도 전자책을 만들 컴퓨터가 보급된 지 얼마 안 되었고, 전자출판을 위한 쉬운 플랫폼도 없었다. 전자책을 만들기 위해서는 어려운 프로그램 언어를 배워야 해서, 누구나 쉽게 만들 수 있지는 않았다.

TODO LIST 구텐베르크에 접속해보자, 대부분의 책이 영어로 되어있는 것이 단점이지만, 서양 고전 전자책을 무료로 다운 받을 수 있다.

https://www.gutenberg.org/

POD, 주문출판이란

전자출판이 누구나 책을 낼 수 있다는 가능성을 확인했다면, POD는 책의 권위를 대중에게 돌려줄 기술이다. 아직 POD출판은 시작단계지만, 기회의 문을 열어주기를 기대한다.

주문출판, POD출판의 기술은 2006년쯤 시작되었다. 역사가 짧은 만큼 용어도 혼재되어 쓰이고 있다. 지금까지는 POD출판으로 많이 불리고 있고, 온라인 서점에서는 POD출판으로 분류하고 있다. 쉽게 생각하면, 즉석 사진관에 비유할 수 있는데, 1권을 주문하면 1권을 인쇄할 수 있는 자동화 기계의 발달로 가능한 출판방식이다. 처음에는 비싸서 대중화하기 어려웠지만, 기술적으로 완성도도 높아지고, 비용도 옵셋 인쇄와(일반적 도서의 인쇄 방식) 차이가 적어지면서, 자가출판 시장을 키운 계기가 되었다.

주문출판, POD

주문출판(POD, Publish On Demand)은 미리 종이책을 찍지 않고, 주문이 들어올 때마다 레이저 프린터 등으로 종이책을 인쇄하는 방식이다. 주문형 출판이라고도 한다. 2012년 베스트셀러 『그레이의 50가지 그림자』(Fifty Shades of Grey)가 처음 출판될 때 이 방식을 이용한 것으로 유명하다.

과거에는 기술적 제약으로 POD에 들어가는 비용이 높았으나, 출판계에 전자출판이 도입되고 프린터 및 라미네이터 등의 기술적 발달로 인해 POD에 필요한 가격이 내려가며 대중화되었다. 또한 POD는 다품종 소량생산을 특징으로 하는 출판업계의 특성상 큰 부담으로 작용하는 재고 관리 문제가 해결된다는 장점이 있어, POD 시장은 미국을 중심으로 지속적으로 증대되는 추세이다.

- 맞춤형 소량 출판.(2022년 2월 26일).위키백과. https://ko.wikipedia.org/ -

전자책의 역사는 이제 50년 정도 되어가지만, 아직 우리나라에서 전자책의 시장 점유율은 5% 정도에 지나지 않는다고 한다. 우리나라 최초 POD 출판사인 <부크크>가 2014년에 설립되었으니, POD출판 시장은 이제 겨우 10년이 됐다. 그 사이 POD출판 플랫폼을 이용한 자가출판 시장은 10배도 넘게 성장했다. 출판시장은 다른 미디어들에 밀려서 계속 침체를 벗어나지 못하고 있는데, 자가출판 시장은 매년 성장하고 있다.

주문출판의 장점과 미래/ POD출판은 독자가 온라인 서점에서 주문하면, 그때 인쇄한다. 현시점에서 POD 책을 주문해서 받는데 2-8일 정도 소요된다고 명시하고 있다. 주문 후 생산하는 책이라서 반품이 되지 않는다. 작가는 재고나 물류비의 걱정 없이 책을 만들 수 있는 장점이 있다. 기존의 출판방식은 최초에 최소 1000부를 찍어서 유통하는 방식을 취다. 이전에는 인쇄비 부담 때문에 누구나 책을 내지 못했는데, 비용의 벽이 허물어진 것이다. 책을 출간했다고 하더라도 주문이 있기 전까지 책을 인쇄하지 않으므로 작가 역시 자신의 책을 직접 주문해야 실물을 받아 볼 수 있다. 실질적인 출간비용은 작가가 소장할 자신의 책값만 있으면 출간이 가능하다.

아직도 POD 도서들의 가격이 일반 책보다 10% 정도 높기는 하지만 가격 격차는 앞으로 더 줄어들 것으로 보인다. 책의 질은 크리에이터가 완성도 있게 만들기만 하면 어떤 방식으로 출간했는지 구분하기 어려울 정도로 인쇄의 완성도 역시 높아졌다.

희망적인 점은 POD출판 기술이 아직은 완성형이 아니라는 점이다. 아직 옵셋 인쇄에 비해 인쇄 후가공도 다양하지 못하고, 책 모양과 크기 재질 선택도 한정적이다. 그러나 눈에 띄게 POD 도서의 질이 좋아지고 있고, 플랫폼도 다양해지면서 앞으로 경쟁력을 갖춰갈 것으로 보인다.

POD출판은 출판의 판도를 바꿔놓을 것이 분명하지만, 특히 작가를 꿈꿔 온 사람들에게는 빛과 같은 소식이다. 작가라는 이름은 매우 이상해서 권위적이기도 하지만, 매우 몽상가적인 기질이 다분한 이름이기 때문이다. 몽상가들의 꿈을 이뤄줄 기술이 주문 출판이다.

자비출판, 기획출판, 반기획출판, 독립출판, 1인 출판/ 지금까지 자가출판에 대해서 설명했는데, 이외에도 출판의 종류가 너무 많다. 출판을 이해해야 출판사가 기획출판을 하자고 제안을 해 올 때, 시원하게 수락할 수 있다. 출판의 종류를 이해하지 못하면, 출판 제안을 받고도 마음 편히 기뻐해도 되는지 걱정스러워진다.

자비출판/ 자비출판은 말 그대로 작가가 비용을 내서 책을 내는 방법이다. 자가출판과 다른 점은 비용을 내는 대신에 기획, 편집, 디자인, 홍보, 유통을 비용만큼 출판사가 대신해 준다. 출판사는 표지 디자인이나 내지 디자인 서비스를 제공할 수도 있고, 유통과 인쇄 비용에 대해서 협의하게 된다. 예전에는 최소 수량 500~1000부를 기준으로 인쇄비에 자인 비용, 유통과 홍보까지, 책 제작과 판매 비용 일체를 작가가 부담했다. 자비출판은 거의 800~1000만 원 이상의 많은 비용이 들었다. 장점은 작가가 말하기 전까지는 기획출판과 구분하기 어렵고, 출판 전문가들이 책을 제작하기 때문에 완성도가 높다.

요즘에는 자비출판도 플랫폼화되고, 초판의 최소 수량이 50-100권 사이로 적어지게 되면서 100~500만 원 사이에 출판이 가능해졌다. 자비출판의 경우는 디자인부터 홍보까지 작가가 비용을 다 지불하기 때문에 출판사가 필요한 서비스를 제공하는지, 계약을 잘 이행하는지를 꼼꼼히 확인해야 한다.

기획출판/ 기획출판은 우리가 생각하는 작가가 되는 방법이다. 출판사나 작가가 책을 기획해서 팔릴만한 책을 출간하는 대표적인 상업

출판의 방법이라고 볼 수 있다.

작가의 입장에서는 원고 투고를 통해서 출판사와 계약하게 되는 것을 기획출판으로 본다. 출판사는 투고로 받은 원고를 검토한 뒤, 출간에 필요한 비용을 작가 대신 부담해서 책을 제작하게 된다. 작가는 출판사로부터 투자를 받는 것이나 다름없다. 책을 제작하기로 계약하면, 투자자인 출판사는 책이 잘 팔리게 하기 위해, 원고의 순서나 구조를 손보면서 기획을 더하고, 교정, 교열도 거치고, 디자인 과정을 거쳐 출판하게 된다. 기획출판이 좋은 점은 작가의 비용부담이 적다는 점이고, 전문 편집자, 디자이너가 책을 완성도 있게 제작해주기 때문에 작가는 글쓰기에만 집중할 수 있다. 이후 출판사는 투자 비용을 회수하기 위해 적극적으로 홍보해 주는 것도 장점이다.

반기획출판/ 기획출판의 경우도 예전처럼 전적으로 출판사가 비용을 부담하는 경우가 적어졌다. 책이 잘 팔리지 않기 때문이다. 투고 이후에 출판사에서 연락을 받아도, 출판비용을 일정 부분 작가가 부담하는 경우가 많아졌다. 이것을 반기획출판이라고 한다. 반기획출판이라고 하더라도 대형 출판사나 홍보를 잘 해주겠다는 약속이 있다면 충분히 고려해 볼 만하다. 다만 반기획출판을 빌미로 자비출판을 요구하는 경우가 많으므로 계약 전에 충분히 고려해야 한다. 반기획출판을 할 경우에는 비용도 비용이지만, 책을 홍보할 때 출판사가 적극적이지 않을 수 있다는 점을 고려해서 출판사의 비전을 잘 파악해야 한다.

<90일 작가 되기> 온라인 강의에서도 투고를 통한 기획출판에 성공한 작가님들이 계신다. 그 중 특히 여러 곳에서 러브콜을 받은 작가님이 계셨는데, 한 대형 출판사에서 반기획출판을 제안했다. 워낙 인지도가 높은 출판사라서 나는 반기획출판을 추천했으나 여러 가지 사

항을 고려해 다른 출판사에서 기획출판으로 출간했다.

반기획출판이 항상 더 불리하거나, 기획출판이 항상 더 유리한 것은 아니다. 계약조건과 책의 성격, 출판사의 규모 등 고려해야 할 사정이 많기 때문에 충분히 생각해보고 계약해야 한다.

독립출판/ 독립출판은 일반적인 상업 출판의 유통과 판매 시스템으로부터 독립하는 것을 말한다. 많은 독립서점과 독립출판사들이 생겨나고 있으며, 서로 연대해서 새로운 유통 시스템을 만들어가고 있다. 독립출판은 책을 내고 싶은 작가가 직접 출판사를 설립해서 자신의 책을 제작하고 유통하기도 하고, 기존의 유통 시스템에서 살아남기 어려웠던 작은 출판사들이 펀딩으로 시장에 유통되지 않는 책을 만들기도 하는 등 여러 가지 다양한 이유로 생겨나기 시작했다. 이제는 성공한 작품도 나오면서 존재감을 드러내기 시작했다.

1인 출판/ 독립출판과 비슷하게 여겨지는 형태로 1인 출판도 있는데, 소규모라는 점은 같지만, 성격이 완전히 비슷하다고 할 수는 없다. 1인 출판은 이름처럼 규모로 분류한 것이다. 5인 이하로 구성된 소규모의 출판사를 이르며, 1인 출판사이면서 독립출판사일 수도 있고, 상업 출판을 하지만 규모가 작을 수도 있다. 1인 출판 역시 책을 꾸준히 내고 싶은 작가들이 출판사로 등록하면서 더 주목받게 되었다. 1인 출판사와 독립출판사를 비슷하게 여기는 이유는 규모와 자유로운 내용에 있다. 자가출판이 아마추어 리그라면, 1인 출판사와 독립출판은 프로 리그라고 할 수 있다.

모든 독립출판사와 1인 출판사가 자가출판이라고 볼 수는 없으나 자가출판의 한 형태로 많이 선택하는 옵션임에는 틀림없다.

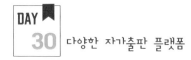

DAY 30 다양한 자가출판 플랫폼

자가출판 플랫폼의 구조/ 대표 자가출판 플랫폼으로 전자책은 <유페이퍼>, 종이책은 <부크크>와 교보문고의 <퍼플>이 있다.

자가출판 플랫폼의 구조는 전자책이나 종이책이 크게 다르지는 않다. 작가가 정해진 포맷에 책의 완성된 파일과 정보를 입력하면 자가출판 플랫폼이 대신 검수를 하고, 승인을 거처서 책을 유통하고 온라인 서점에 판매하게 해준다. 주문이 들어오면 <부크크>에서 책을 인쇄해서 발송해주고, 책 가격을 서점으로부터 정산받아서 작가에게 인세를 지급해 준다. 물론 <부크크>가 독자에게 직접 책을 배송해 주기도 하고, 온라인 서점에서 받아서 보내기도 하는 등 실제적 방법은 다를 수 있으나, 기본적인 구조는 그림과 같다.

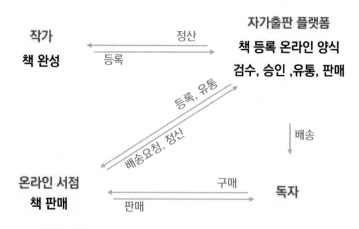

작가는 자가출판 플랫폼에 책의 제목이나 설명 등 필요한 내용을 양식에 맞게 입력하고, 정해진 부분에 표지와 완성된 원고를 업로드해서 책을 등록한다.

작가는 책을 만들고, 디자인하고, 완성된 책 파일만 제공하면, 플랫폼에서 검수, 승인, 등록, 유통, 인쇄, 배송, 정산의 모든 과정을 대신해 준다.

반자가출판 플랫폼/ 반자가출판 플랫폼은 <부크크>처럼 자가출판 플랫폼을 표방한다. 대부분 기존의 인쇄소에서 출발한 경우가 많다. 소량 인쇄가 가능해지면서 플랫폼이 되려고 시도하는 중이다. 이 경우 <부크크>보다 더 많은 종류의 종이나 후가공을 지원하면서 자가출판 작가들이 가장 어려워하는 마케팅, 디자인, 언론 보도 등의 홍보서비스를 제공하기도 한다. 반자가출판 플랫폼의 경우 <부크크>보다 유통사가 적은 경우도 있지만, 오프라인 서점 유통서비스를 제공하는 등 옵션이 다양하다. 그러나 결국 모든 서비스에는 비용이 들어간다. 반자가출판도 소량 인쇄가 가능하다.

반기획출판 플랫폼/ 반기획출판 플랫폼은 소량인쇄 서비스를 하면서, 디자인이나 마케팅 서비스를 제공하는 곳이다. 최소 수량이 50~100부로 시작하는 경우가 많고, 보통 출판사가 많다. 반기획출판 출판사는 자비출판을 같이 진행하는 경우도 많고, 기획출판의 모든 서비스를 비용만 내면 이용할 수 있는 장점이 있다. 교정, 교열부터, 디자인, 유통, 홍보의 모든 출판단계를 출판사가 대행해 준다. 거의 자비출판에 가깝지만, 반기획출판이라고 부르는 이유는 출판사와 계약 때문이다. 자비출판의 경우 모든 비용을 작가가 대고 수익도 작가가 가져가지만,

반기획출판은 작가가 출판사와 계약을 맺고, 수익을 일정 비율로 나누는 계약을 맺는다. 이 경우 출판에 드는 비용이 줄어든다.

반기획출판 플랫폼의 장점은 오프라인 서점에도 배포되는 장점이 있고, 비용부담이 내려가는 것이라고 볼 수 있다. 반기획출판의 인쇄 부수는 출판사마다 다른데, 최소 50부부터 시작되는 곳도 많이 있으나 최소 300~500부 사이는 되어야 인쇄 비용 절감효과가 있다.

이들 플랫폼은 작가에게 필요한 디자인이라든지, 언론홍보 같은 어려운 부분을 출판사가 비용을 받고 대신해 준다는 공통점이 있다. 인쇄 부수가 1부 부터인지, 최소 수량이 있는지로 갈린다고 볼 수 있다. 출판과 인쇄로 수익을 내기 힘든 출판사, 인쇄소와 모든 것을 스스로 해야 하는 자가출판 작가의 이해가 맞아서 생겼다고 볼 수 있다.

이 두 가지 출판의 형태는 추천하기도 힘들고, 설명하기도 힘들지만 소개하는 이유가 있다. 목적에 따라 최소 수량 100~300부 사이가 필요한 경우에는 <부크크>를 통한 POD출판보다 유리한 경우도 있기 때문이다.

DAY 31 자가출판 비용

자가출판 비용/ 온라인 강의에서 '글은 얼마나 쓰면 되나요?' 다음으로 많이 듣는 질문이 '비용이 얼마나 드나요?'이다. 자가출판 자체를 이 두 가지 질문으로 정의해야 할 만큼 많이 궁금해 한다.

답변은 항상 같다. "2500원과 자신의 책 한 권을 살 비용이면 가능합니다." 책을 내는 비용이 항상 초미의 관심이 되는 것은 책 출판이 비싸다는 인식 때문이다. 온라인 강의에서 한 분이 또다시 비용이 얼마나 드냐고 물었다. "천원입니다."라고 대답했는데, 소리가 잘 안 들렸는지, "천만원이요?" 놀라면서 되물으셨다. 천원은 믿기 힘들지만, 천만 원은 비싸지만 타당하다고 생각하는 사람이 많을 정도다. 잘못 듣는 사람이 한두 명이 아닌 것을 보면, 책을 낸다는 것이 얼마나 비싸다고 인식되어 있는지 알 수 있다.

2500원이면 된다./ 분명히 말할 수 있는 것은 POD출판 플랫폼 <부크크>와 <유페이퍼>를 이용하면 2500원이면 책을 출간할 수 있다. (2500원은 수수료다.) 내 책을 구매할 책 한 권 값도 필요하다. 물론 출판사의 기획출판과 비교해서 작가가 해야 할 일이 많고, 여러 가지 어려운 점도 있지만, 충분히 가능한 일이다. 내용이나 상황에 따라서 군이 기획출판이 필요 없을 수도 있다.

수량에 따라 다른 출판방법을 선택해야 싸다./ 요즘에는 출판비용(디자인 및 유통과 홍보를 포함한 패키지)을 다양하게 설계해서 필요한 서비스만 구매할 수 있게 시스템화한 인쇄 플랫폼들이 생겨나기 시작했다. 1권부터 인쇄를 해주는 것은 물론이고, 디자인은 내가 하고, 교정은 전문가에게 맡길 수도 있다. 아니면 책은 작가가 만들고, 언론홍보비를 부담하면 홍보를 대행해 주기도 한다. 인쇄 비용도 저렴해져서, 인쇄 부수나 용도에 따라서는 자비출판으로 작가가 모든 비용을 부담해서 책을 인쇄하는 것이 유리할 때도 있다. 내가 판매할 수 있는 책의 수량을 잘 파악하고, 100권 이상을 선물하거나 판매할 루트가 확실하다면 반자가출판이나, 반자비출판 플랫폼을 선택하면 좋다.

플랫폼 인쇄가 안전한 이유./ 교재나, 사업용으로 책을 배포하거나 대량으로 판매할 계획이 있다면, 반자가출판이나 반기획출판 플랫폼을 알아보는 것도 좋다. 도서 전문 인쇄소를 추천하지 않는 이유는 도서 전문 인쇄소의 경우는 완전히 완성된 책의 검수나 종이의 종류, 후가공 등의 옵션을 직접 선택해서 완성된 책의 형태로 보내야 한다. 최종 인쇄 비용은 저렴할 수 있으나 초보자가 진행하기에는 어려움이 많고, 인쇄사고에 대한 책임을 의뢰자가 져야한다. 때문에 전문가기 검수를 해주는 반자가출판이나 반기획출판 플랫폼을 이용하는 것이 좋다.

소량인쇄가 저렴하지만 아직까지는 100부~300부 사이의 가격이 별 차이가 나지 않고, 300부~1000부의 제작단가도 얼마 차이가 나지 않아서 선택에 어려움을 겪는다. 100부 이상 인쇄할 출판사나 인쇄소를 알아본다면, 가격과 함께 기존에 판매된 도서를 찾아보면서 완성도도 확인해야 한다. 인쇄는 다 잘 되는 것처럼 생각하지만, 어떤 업체를 선택하느냐에 따라 질이 완전히 달라진다.

이 모든 고려사항을 생각하면, POD출판 플랫폼은 초보자에게 편리하고 안전한 시스템이다. 만약 필요하면 <부크크>에 직접 견적을 요청해보는 것도 좋다. 출판과 인쇄는 깊이 알면 알수록 더 이상 알고 싶지 않은 끝없이 깊은 우물과 같다. 초보자에게는 더욱 어렵다. 글에만 집중하고 싶다면 자가출판이 답이고, 쉽다는 강점은 자가출판이 빨리 확산되는 힘이 될 것 같다.

TODO LIST

작가되기를 시작한지 30일을 넘긴 것을 축하합니다. 초고쓰기의 2/3를 지난 시점입니다. 조금 뒤처졌다고 해도 아직 따라잡을 시간이 충분합니다. 다만, 책을 만들기 시작하면 훨씬 시간을 많이 투자하게 됩니다. 때문에 일정을 맞출 수 있도록 지금부터 서둘러야 합니다.

저자는 책으로 돈을 벌 수 있을까?/ 유튜브를 보는 잠깐 사이에도 자가출판 한 번만 검색하면, 전자책을 써서 매월 얼마를 벌었다느니 하는 광고가 수도 없이 많다. 정말 책을 쓰면 돈을 벌 수 있을까? 만약 책을 팔아서 돈을 벌 수 있다면 몇 권을 팔 때 얼마나 벌 수 있을지 미리 계산해 보려고 한다.

인세를 계산해 보자/ 15,000원짜리 책을 써서 출간했다면, 출판사와 초판 1000부를 계약했고 인세는 10%를 받기로 했다.

책의 총 판매금액은 15,000*1000부=15,000,000원이다. 작가의 몫은 인세 10% 정도로 1000권을 판매했을 때 150만 원을 벌 수 있다.

<부크크>는 상황이 좀 낫다. <부크크>의 인세는 책의 재질과 어디서 팔렸는지에 따라 다르다.

15,000원의 컬러 책을 <부크크>에서만 판매하면 인세는 15%이다.

1000부를 판매한 총액은 15,000,000원으로 같지만, 저자의 인세 15%는 2,250,000원이다. 1000권은 자가출판에서는 100만 부 같은 숫자다. 설사 1000권이 다 팔린다고 해도, 기간이 얼마나 걸리느냐도 중요하다. 1000권을 파는데 일 년이 걸린다면, 한 달에 책으로 얻는 수입은 20만 원으로 용돈 정도가 된다. 1000부를 1년 안에 다 팔려면 매일 3권, 한 달에 100권 가까이 팔아야 한다. 쉬운 일은 아니다.

책을 내서 어느 정도 잘 팔리고, 수익을 내는 것까지는 가능할 수도 있지만, 책으로 부자가 되기는 어렵다고 확답을 줄 수 있다. 작가들이 강연을 많이 하는 이유도 수익이 강의에서 나오기 때문이다.

책을 쓰면 당장 수익을 내기는 어렵지만, 요즘 그토록 강조하는 개인의 브랜딩에는 매우 긍정적인 영향을 준다. 강의를 시작하기 전에 '진주 여행기를 쓴 여행작가 올레비엔 입니다.' 라고 소개하는 것은 누구나 이해하기 쉬운 브랜딩이 된다.

책을 내기 전에는 '여행 블로거이면서, 자영업자이고, 프리랜서 디자이너입니다.'라고 소개했다. 도대체 뭐 하는 사람인지 알 수 없고, 작가님에 비해 관심도도 떨어진다. 브랜딩을 필요로 하는 사람, 경력의 한 줄을 더해야 하는 사람에게는 책보다 강력한 명함은 없다.

DAY 33 POD 자가출판 플랫폼 <부크크>

자가출판의 대표 플랫폼 <부크크>/ <부크크>는 2014년에 설립된, 채 10년이 되지 않은 자가출판 플랫폼 출판사다. 개인이 전자책이 아닌 종이책을 대형 온라인 서점에 유통할 수 있는 기회를 만들어 주고 있다. 개인, 상업성이 없는 작품들, 소량 출판, 소장용 출판을 위한 대표 플랫폼이다. 전자책 플랫폼인 <유페이퍼>가 2000년에 설립된 것을 생각하면 종이책 자가출판은 이제 시작되었다. <부크크>가 컬러 책 제작을 시작한 것이 겨우 2017년이었다.

<부크크>는 온라인 사이트이다. <부크크> 사이트에 접속해서 [책 만들기] 메뉴를 통해서 입력할 사항을 입력하면 책을 만들고 판매할 수 있다. <부크크>는 작가가 책을 파일 형태로 만들어오면, 파일을 보관하고, 온라인 서점에 입점시킨다. 주문이 들어오면 보관하고 있던

파일을 열어서 책을 인쇄한다.

보통 일반 서적의 경우 재고를 서점이 보관하고 있다가 주문이 들어오면 바로 발송을 하는데, POD 도서의 경우는 '주문 후 인쇄-유통사로 인계-발송'의 과정을 거치다 보니 주문해서 소비자가 받는 데까지 일주일 정도의 시간이 걸린다.

주문량만 인쇄하기 때문에 출간비용이 전혀 없다. 재고 관련 비용, 유통비용도 들지 않는다. 인쇄 과정이 다르기 때문에 다양한 크기, 다양한 후가공을 한 표지등을 만들기가 어려운 단점이 있다.

한 권씩 인쇄하기 때문에 책값이 조금 비싸다. 그래서 책을 만들기 전에 분량에 따른 가격이 얼마나 책정될지 <부크크>홈페이지에서 확인해보면서 책의 사이즈와 분량을 정하는 것이 좋다. 이는 차후에 더 설명하겠다.

<부크크>에서도 전자책을 등록할 수 있다. 전자책도 등록과정은 동일하기 때문에 자세히 다루지는 않았다.

한글로 책을 만드는 <부크크>/ <부크크>에서는 책을 만드는 방법도 쉽다. 한글을 이용해서 한글파일이나 PDF 파일로 제작하면 되고, 양식도 제공한다. 일반적으로 알고 있는 책 편집 프로그램인 <인디자인>같은 전문가용 프로그램을 사용하지 않아도 된다. 일반인이 1년 정도 <인디자인>을 배워서 책을 만들려면 많은 어려움이 따른다. 프로그램의 사용법뿐만 아니라 이미지 파일의 형식과 특성, 해상도와 인쇄의 프로세스까지 어느 정도 이해해야 하기 때문이다. 따라서 디자인 관련 전공자가 아니라면 <한글>에서 책을 만드는 것이 가장 쉽고 완성도를 높일 수 있는 방법이다. 한국 사람이라면 <한글>을 사용하지 못하는 사람은 거의 없기 때문에, 누구나 책을 만들 수 있다고 말할

수 있다. 책의 완성도는 프로그램에 달린 것이 아니고, 책의 구조를 얼마나 이해하느냐에 달려있다. 물론 평소에 사용하지 않았던 〈한글〉 프로그램의 기능을 몇 가지만 더 배우면 된다.

〈한글〉에서 편집한 완성 파일을 〈한글〉 내에서 pdf 형식으로 변환해서 책의 원고 파일로 만들게 된다. 이 최종 완성 파일을 업로드하면 책이 만들어진다.

작가들의 약점을 보완해 주는 〈부크크〉/ 〈부크크〉는 자가출판 작가들의 걱정을 덜어 줄 믿음직한 파트너라고 할 수 있다. 자가출판 작가들은 초보자가 많고 실수도 잦다. 책이 어떤 모습으로 나오게 될지, 뭐가 문제가 될지 모른다. 작업을 잘 완성해두고도 확신이 없어서 불안해하기도 한다.

원고 완성단계에서 작가들이 잘 모르는 인쇄에서 문제가 될만한 부분은 〈부크크〉에서 1차로 검수해 준다.

책의 여백이 잘 설정되어 있는지,

책의 내용이나 글씨가 잘릴 부분이 있는지

이미지가 선명한지

판권지의 중요내용이 맞는지

표지 사이즈가 맞는지

원래 교정 파일을 검수하는 것은 디자이너나 작가의 몫인데, POD 출판의 특성상 〈부크크〉 담당자분들이 1차적인 인쇄사고를 막기 위해서 확인해 준다. 그리고, 세심하게 문제를 어떻게 해결해야 하는지 가이드도 제시해 준다. 원고 업로드 후 피드백까지 보통 2~3일이 걸린다. 〈부크크〉의 친절하고 빠른 피드백은 혼자 책을 만드는 작가에게 정말 든든한 힘이 된다. 〈부크크〉는 이미지가 심하게 잘리거나 글씨가 넘치는 등의 인쇄사고가 될만한 문제들만 걸러준다. 본문에 대한

심사나 교정은 <부크크>는 관여하지 않는다. 가끔 <부크크>가 맞춤법을 봐주냐고 묻는 분들도 있는데, 결국 책임은 작가에게 있음을 명심해야 한다.

<부크크>에서 완성된 책은 인쇄의 질도 좋아서, 작가가 편집만 잘하고, 디자인만 잘하면 일반 출판사의 책과 질이 크게 차이나지 않으니 신경 써서 책을 만들기만 하면 된다. <부크크>가 자가출판 작가들의 파트너이자 지원군인 셈이다.

자가출판 시장이 성장하려면 책을 쓰고 싶은 작가들이 많아야 하는 것은 당연하지만, 책의 물질적 완성도와 내용적인 완성도가 높아서 독자가 유입돼야 한다. 그런 면에서 <부크크>는 물리적 완성도는 보장해준다. 책의 완성도는 물론이고 꾸준히 유통사를 늘려가고, <부크크> 서체를 개발하는 등 작가와 독자 모두를 위한 성장을 하고 있다.

다른 자가출판 플랫폼들/ 교보문고의 <퍼플> - 교보문고라는 강력한 유통서점을 가졌지만, <퍼플>의 유통사는 교보문고뿐이다. 안 그래도 홍보가 어려운 자가출판 작가들에게는 한 군데라도 더 유통하는 것이 중요한데, 교보문고에서만 팔리기 때문에 자가출판 시장에서는 교보문고의 <퍼플>이라고 할지라도 불리하다.

POD출판이나 자가출판 플랫폼이라고 자처하는 또 다른 출판사들이 몇 개 있다. 그러나 유통사가 적고, 완전한 POD출판 플랫폼이라고 하기에는 반 자가출판이거나, 인쇄 플랫폼에 가깝다. 다만, 양장본을 만들거나 필요한 후가공 등이 필요할 때는 찾아보면 좋다. 앞서 설명한 것처럼 100권 이상의 자비출판에는 유리한 경우도 있으니 잘 따져보는 것이 중요하다.

<부크크> 덕분에 내 책을 종이책으로 만져보고, 교보문고 온라인

서점, 알라딘, 예스24에서 판매할 수 있게 되었다. 언젠가 책을 내는 것이 꿈이라는 버킷리스트로만 간직하기에는 방법이 너무 쉬워졌다. 이제 메시지를 담은 책을 완성할 때다. 자가출판 시장이 커져야 내 책도 잘 팔리고, 자가출판 시장을 견인할 두 축은 플랫폼인 <부크크>와 좋은 책을 만들 북 크리에이터들이다.

DAY 34 자가출판의 핵심

지금까지 출판의 종류, 자가출판의 플랫폼의 특징 등 책을 만들 때 알아야 하는 사항들은 하나씩 공부하고 있다. 책을 쓰는 것은 사실 복잡한 일이 아닐지도 모른다. 한글파일을 열고, 쓰고 싶은 말을 써 내려가는 것이 가장 중요할 수도 있다. 장황하게 늘어놓은 출판과 책에 대한 이야기는 책을 너무 사랑한 나머지 콩깍지에 씌어 본질을 보지 못하는 것일지도 모른다.

좋은 변화를 만드는 자가출판/ 자가출판의 핵심을 꼭 담고 싶어서, 수없이 고쳐 썼다. 다 담을 수 없는, 전하고 싶은 내용이 너무 많다.

나는 국민학생 때부터 작가가 되고 싶었고, 결국 작가가 될 것이라는 사실을 의심해 본 적이 없었다. 첫 책을 쓸 때는 오랜만에 돌아온 고향 집을 찾아 들어가듯 낯설지만, 당연히 썼다. 책을 쓴다고 뭔가 달라지기를 기대하지 않았다. 고향 집으로 돌아갈 때는 이유가 있어서

가 아니다. 그냥 간다.

자가출판은 출판 생태계에서 가장 최하위에 있는 아마추어들로 취급된다. 자비출판, 독립출판, 1인 출판의 아래에 있는 최약체다. 그런 내 책이 변화를 가져올 리 없다고 생각했고, 기대하지 않았다. 진짜 쓰고 싶어서 썼다. 책은 후져도 살면서 가장 하고 싶은 일을 하는 순간이었다. 그런데, 별 볼 일 없는 책은 내 안에서 등대가 되었다. 삶과 세상을 이해하고 싶어서, '50에 읽는 논어' 같은 책이 한참 유행이었는데, 책을 쓰는 것은 산 정상에서 세상을 내려다본 기분이 들었다.

현실적으로도 기회가 되었다. 책 덕분에 온라인 강의며, 잡지 기고며, 기사 같은 것도 쓰게 되었고, 새로운 기회를 얻었다. 책은 작가의 내면을 바꾸고, 기회도 만든다.

자가출판으로도 좋은 책을 만들 수 있다./ 어떤 방법으로 출간을 하든 좋은 책과 나쁜 책은 있기 마련이다. 작가는 이해할 수 없는 부류의 사람들인데, 끊임없이 세상을 이해하려고 노력하는 사람들이다. 좋은 책을 만드는 것은 유명 출판사와의 계약도 아니고, ISBN도 아니다. 작가가 책임감 있게 쓰고, 완성도 있게 마무리한 작가의 시간을 담은 책이다. 이렇게 뜨끔한 이야기를 막 써도 되는 자유가 자가출판의 맛이다. 지금 책을 쓰고 있는 분들도 책을 쓰는 시간을 즐기고, 책임감 있게 좋은 책으로 만들기를 바라고, 응원한다.

TODO LIST 글을 쓰는 이유와 의미를 적어보자.

시키는 대로 책쓰기 플래너 2

90일
종이책
작가되기

책을 잘 알고 있다고 생각하지만, 책을 만들려면 꼼꼼히 분해하는 눈으로 다시 봐야 한다. 글을 쓰기만 하는 작가라면 몰라도 되지만, 편집도 같이해야 하는 북 크리에이터라면 책의 구조를 이해해야 잘 읽히는 책, 보기 좋은 책을 만들 수 있다. 완성도가 좋은 책이 글의 신뢰도도 높여준다. 책에도 양식과 구조가 존재한다. 자가출판 책들에 대한 대표적인 비판이 완성도가 떨어진다는 평가다. 아마추어적이라고 느끼는 이유는 책의 구조를 양식화하지 못했기 때문이다.

　책의 구조가 있는 이유/ 책은 비물질적인 요소와 물리적인 요소의 조합으로 이뤄져 있다. 비물질적인 요소는 이야기, 내용이고, 물질적인 요소는 내용을 담은 종이의 묶음이다. 종이의 묶음을 기능적으로 단단하고, 아름답고, 합리적으로 양식화한 것이 책의 형태적 구조다. 책이 표지, 내지의 구성으로 비슷한 모습을 갖춘 것은 오랫동안 다듬어진 합리적 형태이기 때문이다. 우리에게 익숙한 책의 모습은 기능성과 경제성을 살린 형태적 양식이 되었다. 문제는 자가출판으로 나온 책은 이러한 구조를 몰라서 양식을 파괴하거나, 생략한다. 독자는 이유는 몰라도 책의 구조가 어색한 것을 금방 눈치챈다. 글은 자유롭되 책의 형태는 틀을 갖춰야 한다.

형태적 구조는 책의 종류에 따라 다르다, 양장본이나 고서, 제본 형태에 따라 다르지만, 여기서는 <부크크>에서 자가출판으로 구현할 수 있는 형태를 바탕으로 설명하겠다.

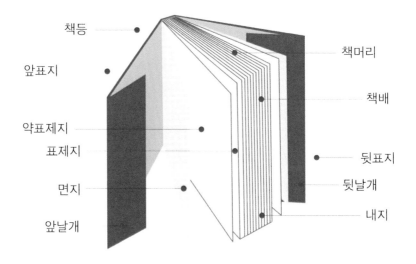

책등
앞표지
약표제지
표제지
면지
앞날개
책머리
책배
뒷표지
뒷날개
내지

책의 형태적 구조와 명칭/
<부크크>를 통해서 만들 수 있는 책의 구조는 이렇게 되어있다.
표지 – 표지는 날개가 있는 구조를 주로 사용한다. 두께가 있고, 코팅되어 있어서 책을 보호하는 역할을 한다.
면지 – 표지와 내지 사이에 들어가는 종이로 내지를 보호하는 역할을 하고, 보통 1~2장 삽입한다. <부크크>는 백 회색 면지 1장이 들어간다.
약표제지/ 표제지 – 책의 양식의 일부로 약표제지에는 제목만, 표제지에는 제목과 저자 등 기본적인 사항을 삽입하거나 표지를 간략화해서 넣기도 한다.
내지 – 책의 대부분을 차지하는 종이 부분이며, 내지를 묶는 방법에 따라 제본방식이 달라지는데, <부크크>는 실로 묶지 않고, 본드로만 붙이는 무선제본 방식으로 제작된다.

책등 - 책의 접착 면을 표지로 감싼 부분을 책등이라고 하고, 책등에도 제목과 저자, 출판사를 넣는다.

책배 - 책등의 반대편 책을 열어서 보는 부분으로 책을 디자인할 때 배면에서 찾기 쉽게 디자인 하면서 활용하기도 한다.

가장 기본적인 구조만 설명했지만, 책의 구조를 잘 활용해서 적절한 내용을 잘 배치하는 것으로도 완성도를 높일 수 있다. 주변에 있는 책들을 자세히 보면, 뒷날개에 많이 들어가는 내용이 있고, 책등을 구성하는 방법도 있다. 책의 구조를 잘 활용하기 위해서는 다른 책들을 눈여겨봐야 한다.

DAY 36 | 책의 양식적 구조

경험이 많은 편집자일수록 책을 만드는 정해진 방법 같은 것은 없다고 말한다. 책은 소통의 수단이고 내용을 이미지와 형식, 종이의 질감과 디자인 같은 모든 요소를 사용해서 독자에게 보내는 메시지다. 책의 내용이 다 다르기 때문에 정답은 없다. 그러나, 첫 책을 만드는 북 크리에이터에게는 이보다 두려운 말도 없다. 다행히도 앞서 설명한 형태적 구조 외에도 양식적 구조도 존재한다. 책의 양식적 구조를 지키면, 독자도 익숙해서 내용을 쉽게 이해할 수 있다.

책 양식 구조의 순서

표지 - 면지 약표제지 - 표제지 - 판권지(간기면) - 서문(Foreword) - 머리말 - 저자소개 - 차례 | 간지 + 본문 | 맺음말 - 부록 | **면지 - 표지**

책의 양식은 서로 익숙하도록 약속되어있다. 표지부터 정해진 양식을 갖추고 있는데, 책의 제목과 작가, 출판사 정보를 표기하고, 내용을 함축하는 카피를 써넣는 것이 약속된 양식이다. 표지에 제목이 없으면, 독자는 제목을 어디서 찾아야 하는지 당황하게 된다. 우리가 책을 익숙하게 읽어나가는 것은 이러한 양식을 갖추고 있기 때문이다.

표지 - 책의 바깥쪽을 싸고 있으며, 두꺼운 종이나, 천, 가죽으로 만들어서, 책의 내지를 보호한다. 표지에는 제목과 작가 출판사를 쓴다.

면지 - 수공업으로 책을 만들 때 표지와 본문을 연결하는 접착면이나, 내지 보호의 역할을 했다.

약표제지, 표제지 -책의 내지는 약표제지부터 시작되고, 약표제지는 내지의 첫 장이다. 책의 제목을 한 번만 써도 될 것 같은데, 약표제지에는 제목만, 표제지에는 제목과 표지 이미지 등 여러 가지 정보를 함께 담아서 표기해 두었다. 본문 시작 전에 제목 페이지가 2장 들어간다고 생각하면 된다.

판권지(간기면) -판권지나 간기면으로 불린다. 책의 판권을 포함한 책의 정보를 기입한 면이다. 판권지에는 꼭 기입해야 하는 필수정보가 있다. 표제지와 마주 보게 배치하거나 맨 뒤 면지 앞에 넣기도 한다.

서문(Foreword) -여기서 말하는 서문은 머리말과 다른 뜻으로 다른 사람이 써 준 글을 말한다. 본문 앞에 들어가야 하는 글의 종류로 중요도에 따라 머리말 앞이나 뒤에 배치한다.

머리말 - 작가가 쓰는 서문으로 책의 이해를 돕고, 구조상 항상 본문 앞에 온다.

저자소개 - 단순한 이력 소개를 넘어, 한두 페이지를 할애해서 자신을 각인시킬 기회로 활용해도 좋다. 꼭 넣지 않아도 되고, 짧게 소개해도 좋다.

차례 - 어떤 책이나 거의 유일하게 본문의 형식을 깨고, 다양한 디자인으로 만든다. 자유도가 높고, 표지 다음으로 책에 이미지를 부여할 수 있는 부분이다. 차례는 책의 지도이면서 디자인적 완성도를 높일 수 있는 페이지다. 다른 책들의 차례를 참고하면서 간단하면서도 예쁘게 만들면 좋다.

간지(Chapter Title Page) + 본문 - 차례에서 본문으로 넘어가기 전에 구분을 위해서 장의 표지인 간지를 삽입한다. 각 장마다 넣기도 하고, 본문 시작 전에만 넣기도 한다.

맺음말 - 맺음말은 머리말보다 부담이 적고, 쓰지 않는 경우도 있다.

부록 - 부록이라고 썼지만, 맺음말 뒤에 들어가면 좋은 내용들을 이야기하려고 한다. 부록이나 참고문헌, 색인, 연대표, 감사의 말을 등 책 마지막 부분에 해당하는 내용이다. 자가출판에서 많이 간과하는 부분이다. 실용서에서는 책의 완성도와 신뢰도를 좌우하기도 한다. 색인이나 참고문헌, 활용도가 높은 부록은 책을 판매하는 데 결정적인 역할을 하기도 한다.

책의 기본적인 양식은 이렇게 되어있다. 집에 있는 책들을 확인해보면 약간의 변형을 가지면서 양식을 지킨다. 독자에게 익숙한 틀 안에서 자유롭게 변형하면서 책을 참신하고, 설득력 있게 만들 수 있다.

표지 - 면지 - 약표제지 - 표제지 - 판권지(간기면) - 서문(Foreword) - 머리말 - 저자소개 - 차례 - 간지 + 본문 - 맺음말 - 부록 - 면지 - 표지

책을 쓸 때는 많이 읽는 것이 도움이 되고, 만들 때는 많이 보고 만지는 것이 도움이 된다. 지금부터는 집에 있는 아무 책이나 가져와서 함께 보면 훨씬 도움이 된다.

표지의 구조와 기능/ 표지는 5가지 면으로 구성되는데, 앞표지, 뒷표지, 책등, 앞뒤 날개로 구성된다. 내지와 달리 모든 구성요소가 잘린 부분 없이 큰 종이 한 장을 접어서 만든다. 내지 묶음을 한 장으로 된 표지가 이불처럼 덮고 있는 것으로 생각하면 된다.

표지는 내지보다 두껍고 습기나 파손에 강하도록 기본적으로 코팅을 한다. 기능적으로는 내지를 보호하기 위한 것이고, 표지 안쪽에 접힌 날개가 있는 것이 대부분이다. 표지의 날개는 앞 뒤로 다 있으며 <부크크>에서 등록할 때 날개를 선택하는 옵션이 있다. 날개를 선택하지 않으면 유통사에서 거부될 수 있다는 메시지가 나오는데, 날개가 표지의 귀퉁이 부분이 접히거나 말리는 것을 방지한다. 실제로도 날개가 없는 책은 훼손이 많아 교환, 반품률이 높다고 한다. 날개는 표지를 견고하게 만드는 기능적인 부분인 셈이다. 그래서 거의 모든 책에는 날개가 있다. (A4 크기의 책에는 날개가 없다.)

표지의 후가공/ 표지는 책에서 가장 장식적인 페이지로 여러 가지 후가공을 하는데, 금색이나 은색을 입히는 박으로 장식하거나, 에폭시, 형압 등으로 입체감을 표현하기도 한다. 요즘은 에폭시가 많이 사용된

다. <부크크>에서는 다른 후가공은 선택할 수 없고, 무광이나 유광 코팅 중에 선택할 수 있다. 종이의 종류도 선택할 수 있다.

뒷날개   뒷표지   책등   앞표지   앞날개

표지의 필수 정보/ 표지의 필수요소로 책의 제목, 작가 이름, 출판사가 반드시 표기되어야 하고, 뒷표지에는 ISBN과 바코드가 들어간다. ISBN과 바코드는 <부크크>에서 자동으로 적당한 자리에 삽입해준다.

앞날개에는 작가소개가 들어가는 경우가 일반적이고, 뒷날개에는 책 광고나, 책에서 중요한 문구들이 들어간다. 앞표지에는 책의 제목, 내용을 함축하는 카피가 들어가는 경우가 많고, 추천사가 있으면 뒷표지에 넣기도 한다. 책등은 책을 꽂아놓았을 때 책을 구별할 수 있는 중요한 부분이다. 책등에도 꼭 책의 제목과 저자 이름을 삽입해야 하고, 출판사 이름은 <부크크>가 하단에 넣어 준다.

면지/ 면지는 표지와 본문 사이에서 내지를 보호해주는 기능을 한다. 예전에는 큰 종이 한 장을 접어 표지와 내지 사이에 붙였기 때문에 면지는 2장이었다. 요즘은 면지가 기능적으로는 필요 없어지고, 양식으로만 남아 원가절감을 위해 한 장만 들어가는 경우가 많다.

면지는 주로 본문보다 두꺼운 색지가 들어간다. 면지에는 보통 인쇄를 하지 않았으나 요즘에는 책의 제본기술이 좋아지면서 간단한 명언을 인쇄하기도 한다. <부크크>에서는 면지의 색이나 매수를 고를 수는 없고, 백회색 면지 1장이 들어간다.

책 구조의 의미/ 책 표지를 열었는데 바로 본문이 시작되어 빽빽하게 글자가 가득한 책을 본 적은 없을 것이다. 책의 구조를 이해하는 것은 공연을 이해하는 것과 같다. 효과적인 공연을 위해서 무대를 설치하고, 공연 사이에 쉬는 시간을 두고, 조명을 비추는 것과 같다. 공연 시작 전에 입장을 하고있는데, 황급히 공연을 시작해 버린다면 당황스러울 것이다. 표지를 열자마자 본문이 시작되는 것도 독자를 당황하게 만든다. 면지는 내지를 보호하고, 표지와 내지의 연결을 위해서 삽입했는데, 공연의 커튼 같은 역할을 한다. 동화책에서는 면지를 동화와 관련된 패턴을 넣기도 하고, 일반도서에서는 명언을 넣어서, 책의 몰입감을 높인다. 책을 읽기 전에 독자에게 책의 힌트를 제공하는 것이며, 분위기를 조성하는 것이다.

표지 – 면지 – 약표제지 – 표제지 – **판권지(간기면)** – 서문(Foreword) – 머리말 – 저자소개 –
차례 – **간지 + 본문** – 맺음말 – 부록 – 면지 – 표지

거의 한 달이 넘게 걸러서 드디어 책의 첫 장을 만나게 되었다. 지금까지는 책의 가장 바깥쪽에 있는 재질이 다른 종이인 표지와 면지를 살펴봤다면, 약표제지, 표제지는 책을 구성하는 내지의 첫 부분이다. 표제지는 말 그대로 표제, 책의 제목을 표기하는 페이지이다. 오래 생각해보지 않아도, 책이 제목부터 시작하는 것은 어색하지는 않다.

속표지가 2장인 이유/ 약표제지는 제목만 적힌 페이지로 항상 책의 1쪽이 된다. 표제지는 제목, 작가, 출판사를 표기하거나 표지 디자인 이미지를 넣기도 하는 진짜 속표지다. 표제지는 항상 3쪽에 온다. 어쩌다가 표지가 두 장이 되었을까? 속표지가 두 장이라면 왜 제목밖에 없는 단순한 약표제지가 항상 1쪽에 오게 되었을까?

-약표제지(왼쪽) 판권지와 표제지(오른쪽)-

책의 구조에는 초창기 제작방법의 흔적이 남아있다. 예전에 종이를

만들고, 직접 자르고 풀을 바르거나 바느질해서 책을 만들던 시기에 책의 내지를 만들어 두고도 표지를 만드는데 시간이 걸리거나, 표지를 만드는 공방으로 완성된 책의 내지를 옮겨야 했다. 그런 과정에서 책을 구별하고, 정성들여 만든 진짜 속표지를 보호하려면, 이름만 쓰여진 약표제지가 필요했다. 약표제지는 포장이면서 분류목록이었다. 그런 이유로 오늘날의 책에서도 두 장의 표제지가 이어져 왔지만, 인쇄기술의 발달로 굳이 표지를 한 장만 넣고 싶거나, 책의 분량을 어떻게든 줄여야 한다면 약표제지는 생략이 가능하다.

표제지의 기능/ 표제지의 기능이 없어진 것은 아니다. 요즘 뭔가를 배우기 위해서 실용서적을 여러 권을 한 번에 볼 때가 있는데, 약표제지, 표제지 두 장을 넘기면서 제목을 각인하는 효과가 있다고 믿는다.

예전에는 책을 사서 모으는 사람이 많아서 자신이 읽은 책의 제목을 모르는 경우는 별로 없었지만, 요즘에는 지금 보고 있는 책의 제목도 모르는 사람이 허다하다. 내 책을 읽은 독자에게 제목을 각인시킬 수 있다면, 제목 페이지가 3장이라도 아깝지 않다. 다만, 독자는 책의 양식에 매우 익숙해서 표제지가 3장이라면 인쇄가 잘못된 파본으로 생각할지도 모른다.

약표제지에는 통상적으로 제목만 넣고, 표제지에는 표지 이미지를 넣기도 하는데, 표제지와 표지를 완전히 똑같이 넣어도 되지만, 약간의 변화를 주어도 좋다. 표지를 흑백으로 넣거나 간단히 바꿔서 넣어도 재미있다.

TODO LIST 책을 항상 곁에두고 구조를 유심히 확인하자. 많은 책을 많이 보면서 구조에 익숙해 지는 것이 중요하다.

표지 - 면지 - 약표제지 - 표제지 - **판권지(간기면)** - 서문(Foreword) - 머리말 - 저자소개 -
차례 - 간지 + 본문 - 맺음말 - 부록 - 면지 - 표지

판권지의 위치/ 판권지는 이름에서 알 수 있듯이 책의 판권을 표시하는 부분이면서, 책의 중요한 이력을 모두 담아서 한 장에 표기하는 데이터 페이지다. 앞쪽에 넣을 때는 표제지 왼쪽에 넣기도 하고, 뒤쪽에 올 때는 면지 바로 앞에 오기도 한다. 약표제지와 표제지는 정해진 위치가 있었지만, 간기면은 맨 앞이나 맨 뒤에 원하는 위치에 삽입하면 된다. 판권지에 표기되는 내용은 이름처럼 판권만 있는 것은 아니라서, 전통적으로 우리나라에서 책을 만들 때 사용하던 명칭인 간기면이라고 쓰기도 한다.

판권지의 필수정보/ 판권지는 책의 필수 정보를 담는 페이지로, 필수정보를 출판문화 산업진흥법에서 정하고 있다. 책의 역사이고, 작가 정보, 출판사 정보, 발행일, ISBN, 가격 등을 담고 있다.

판권지의 편집 방향/ 판권지는 책의 기능적인 정보를 표기하는 부분이지만, 판권지도 깔끔하게 편집하는 것이 중요하다. 본문의 글자는 가독성을 생각해서 10pt 내외로 하는 경우가 많은데, 판권지는 7~8pt 글씨를 사용해도 된다. 판권지 편집에서 중요한 것은 필수정보를 누락하지 않는 것이고, 깔끔하게 정리하기만 하면 된다.

판권지에서 자주하는 실수가 발행일을 잘못 적거나, 저작권 표시 년도를 수정하지 않는 경우가 많으니 반드시 꼼꼼히 확인해야 한다.

*판권지는 <부크크> 양식에 포함되어 있어서 다운로드해서 사용하면 된다.

프로 한달여행러의 국내여행 시리즈 1 -①책의 시리즈 제목
진주 살아보기 「진주가 맛있나」 논쟁 - ②제목과 부제

1판 1쇄 /2쇄 / 개정판   ③POD출판에는 없는 개념, 생략 가능하다.
지은이_ 김지혜(올레비엔) ④필명을 사용해도 된다.
저자 이메일_ bnseoul66@gmail.com -⑤오랫동안 사용가능한 연락처

출판사_ <부크크> ⑥출판사 명
출판일_ 2022.08.31. -⑦열흘 이내에서 임의로 설정가능
주소_ 제주 서귀포시 표선면 삼달리 00 ⑧출판사 주소
이메일_ ollebn@gmail.com ⑨출판사 이메일

ISBN 9791169450638 -⑩전자책과 종이책 ISBN은 다르다.
                    -<부크크>에 등록할 때 비워둬야 한다.

값 10,000원 -⑪12개월동안 바꿀 수 없으니 신중해야 한다.

ⓒ 이름 2023
*본 책은 저작자의 지적 재산으로서 무단 전재와 복제를 금합니다.
-⑫판권관련 문구를 입력할 수 있다.

*네이버 프리미엄 채널 <90일 작가프로젝트>를 통해
발간된 책입니다.
-⑬그외에 추가하고 싶은 정보를 추가 해도 된다.

판권지(간기면)쓰는 법

①부제 - 시리즈 제목이나, 부제가 있다면 판권지에 기재하면 된다.

②제목 - 제목이 복잡한 경우에도 알아보기 쉽게, 원칙을 정해서 정리한다.

③판쇄(POD출판은 생략 가능하다.)- 판과 쇄의 개념을 이해해야하는데, 역시 인쇄 과정에서 생긴 말이다. 초판은 인쇄를 위한 첫 판이라는 뜻이고, 책이 다 팔려서 같은 내용으로 인쇄할 때 처음 만든 판을 그대로 사용해서 재쇄를 찍는다. 만약 책의 내용을 수정해서 새로운 판을 만들게 되면 2판이 되고, 1쇄가 된다. 단 POD출판은 개정이 쉽고, 초판 1쇄의 개념이 희박하므로 적지 않아도 된다.

④저자이름 - 필명, 본명 모두 사용 가능하다.

⑤저자연락처 - 저자 연락처를 적어도 되고, 생략해도 된다.

⑥출판사명 - <부크크>로 적으면 된다.

⑦출판일 - 출판일은 임의로 설정 가능 하지만, 책을 등록하는 시점에서 열흘 이내로 설정하는 것이 좋다.

⑧출판사 주소 - <부크크> 주소를 적으면 된다.

⑨출판사 이메일 - <부크크> 이메일을 적으면 된다.

⑩ISBN - 책을 등록할 때 <부크크>에서 신청할 수 있다. 등록하는 시점에는 비워 둬야한다.

⑪가격 - 책 가격은 도서정가제에 따라 12개월 동안 바꿀 수 없으니 신중하게 결정해야 한다.

⑫저작권 문구를 넣어야 한다. - 저작권 문구는 원하는 것으로 바꿔도 된다. 년도 표기도 해당 년도로 수정해야 한다.

⑬그외에 추가하고 싶은 내용을 자유롭게 넣어도 된다. 출판사는 책의 오류나 투고를 받는다는 문구를 넣기도 한다.

TODO LIST 판권지 편집을 완벽하게 정리하지 않아도, 원고에 판권지를 작성해 두는 것이 좋다. 판권지를 넣고 싶은 위치에 만들어두자

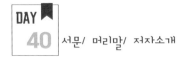

표지 - 면지 - 약표제지 - 표제지 - 판권지(간기면) - 서문(Foreword) - 머리말 - 저자소개 - 차례 - 간지 + 본문 - 맺음말 - 부록 - 면지 - 표지

어떤 내용이 본문과 차례 앞에 배치되어야 할까? 본문만큼 중요하거나, 본문을 이해하는데 도움이 되어야 본문 앞에 위치할 수 있다. 책을 더 읽어야 이해되는 부록이나 내용상 중요하지 않은 색인을 맨 앞에 배치하는 사람은 없다. 보통은 앞에서부터 책을 읽기 때문에 순서는 매우 중요하다. 책 내용의 배치는 책의 서사이면서, 중요도를 나타내고, 책의 관점을 보여주고, 구매 동기가 될 수 있다.

서문(Foreword)/ 머리말보다 더 앞에 올 수 있는 글에는 헌정, 감사, 추천사 등이 있다. '이 책을 누구누구에게 바친다.' 같은 책의 헌정이나 감사의 문구를 맨 앞에 할애할 수 있으나, 중요하지 않으면 맨 뒤로 보내도 된다. 감사의 문구를 쓸 때도 이왕이면 책의 서사가 될 수 있도록, '핵심 아이디어를 제공한', '자료조사에 도움을 준' 같은 구체적인 문구를 적어서 독자의 이해를 돕는 것도 좋다.어떤 내용이라도 중요도가 높고, 독자에게 상기시키고 싶다면, 머리말 앞에 와도 된다.

머리말/ 머리말은 차례의 앞에 오기도 하고, 뒤에 오기도 한다. 머리말은 차례와 함께 구매 의사가 있는 독자가 먼저 펼쳐보는 페이지이다. 머리말에서는 책의 내용과 타겟, 방향성을 구체적으로 설정하는 것이 좋으며, 머리말을 잘 쓰고 공들여서 편집해야 한다. 책을 구매할 생각으로 머리말을 읽는데, 오탈자가 있다면 신뢰도가 떨어진다. 책의 앞부분이므로 편집에도 더 신경써야 한다. 머리말의 특징으로는 작가의 말에 현장감을 부여하기 위해서 머리말을 쓴 날짜와 장소, 작가의 사인을 넣는 경우가 많았으나 점차 사인은 빠지게 되었고, 형식도 다양해지는 중이다.

저자소개/ 저자소개는 첫 책을 쓰는 작가가 쓰면 좋다. 위치는 어디에 넣어도 좋으나, 학력이나 경력 외에 자신을 설명할 짧은 문장으로 써서 설명해도 좋다. 머리말이나 경력소개와 겹치지 않으면서, 책을 쓰기 전까지의 경험이나 진솔한 이야기로 독자의 이해를 도울 수도 있다. 독자에게 작가를 각인시키는 효과가 있고, 인간적인 면모를 드러내서 독자의 호기심을 자극하고, 본문에 집중도를 높일 수도 있다. 저자소개의 분량은 반 페이지에서 한 페이지 정도로 길지 않고 가볍게 기억하고 넘어갈 정도가 좋다. 개인 브랜딩에 관심이 많은 사람이면, 사진과 SNS 주소를 넣어도 좋다. 저자소개를 본문 내에 삽입하는 것은 책의 일반적인 양식은 아니다. 책이 재미있고 도움이 되었더라도, 저자를 기억하지 못하는 경우가 많다. 첫 책을 내는 작가는 어렵게 만난 독자에게 자신을 소개하는 것도 좋은 방법이다.

추천사/ 유명한 사람이 추천의 말을 써주거나, 책의 이해를 돕는 추천사 같은 경우라면 머리말 앞에 넣어서 내용의 설득력을 높일 수 있다. 요즘에는 추천사 대신에 독자 후기를 넣기도 한다.

이 부분에서 언급한 모든 요소, 머리말과 서문, 저자소개는 차례 뒤나 앞 어디에 배치해도 된다. 독자에게 본문을 읽기 전에 기대감을 주고 흥미를 유발할 수 있도록 구성해야 한다. 감사 인사 한 줄을 잘 쓰는 것만으로도 충분히 책의 서사를 만들어 갈 수 있다.

표지 - 면지 - 약표제지 - 표제지 - 판권지(간기면) - 서문(Foreword) - 머리말 - 저자소개 - 차례 - 간지 + 본문 - 맺음말 - 부록 - 면지 - 표지

차례/ 표지를 제외한 페이지 중에서 가장 화려한 페이지 중 하나이면서 기능적인 페이지다. 책의 네비게이션이면서, 독자들에게 내용의 뼈대를 보여줘서, 원하는 내용인지 짐작하게 해준다.

차례는 표지와 일관성 있는 디자인으로 책의 전반적인 분위기를 형성한다. 초보자가 차례를 아름답고, 이해하기 쉬우면서 상징성을 갖춘 디자인으로 완성하기는 어렵지만, 시간을 투자해서 잘 정리해야 한다.

기능적으로 잘 정리된 차례가 좋다./ 차례 페이지에서 중요한 것은 기능성이다. 1.원하는 페이지로 맞게 찾아갈 수 있고, 2.내용의 구조가 한눈에 보여야 한다. 아무리 디자인이 아름다워도 책의 내용이 한눈에 들어오지 않는 차례는 구매를 만들지 못한다. 차례를 보면서 궁금한 내용을 먼저 찾아보기도 하는데 3.각 항목의 제목도 독자의 흥미를 유발 할 수 있게 해야 한다.

다자인 적으로 중요한 차례/ 디자인 측면에서는 본문과 시각적으로 구별되는 느낌을 주고, 표지나 내용과 상관있는 이미지로 하면 좋다. 바다에 관련된 책의 차례가 빨간색이라면 좀 이상하다. 본문 종이는 흰색이기 때문에 머리말이나 차례는 색을 입히거나 디자인 요소를 배치해서 아직 본문이 아님을 직관적으로 설명하는 것도 좋다.

초보자에게 가장 좋은 답은 고수의 답과 같다. 간결하고 선명하면 된다. 전문 디자이너나 편집자가 아닌 사람이 복잡한 디자인을 효과적

으로 정렬하기 어렵다. 심플함은 언제나 진리다.

차례 페이지는 책배 부분에서도 찾을 수 있도록, 종이의 테두리 부분을 디자인하는 것도 좋다. 표지와 차례가 일관된 느낌을 가지면서도 지루하지 않도록 디자인을 하면 된다.

차례를 만들 때 사소한 문제들/ 차례 분량이 3쪽일 경우 마주보게 4쪽을 구성해야 할지 3쪽으로 구성해야 할지 고민하는 경우가 많다. 여기도 정답은 없다. 한쪽으로 구성된 차례도 있고, 페이지에 여유가 있으면 3쪽으로 구성한 뒤 1페이지를 여백으로 삽입해도 되고 형식은 자유롭게 하면 된다.

차례는 디자인을 가장 자유롭게 적용할 수 있는 부분이기 때문에 글자 크기, 바탕색을 모두 자유롭게 해도 된다. 서체도 본문에 적용한 서체와 다른 서체를 사용해도 된다. 서체는 항상 사용 가능한지 확인하고 써야 한다. 본문 서체의 크기를 10을 기준으로 하지만, 목차의 항목이 많을 때는 작아져도 된다. 얼마나 줄여도 될지 모르겠다면, 출력해보는 것이 방법이다. 책의 크기나 목차의 분량에 따라 다르지만 8-10pt 사이에서 적용하면 무난하다.차례에 페이지 수를 표기하지 않는 실수를 하는 사람이 생각보다 많다. 짧은 시나 그림책에는 표기하지 않아도 되지만, 쪽수를 표기하는 것을 잊으면 안 된다.

TODO LIST 차례는 가장 먼저 디자인 해야하는 내지 디자인의 기준점이 된다. 내 책에 적용할만한 차례 페이지 3개를 다른 책에서 찾아보자.

표지 - 면지 - 약표제지 - 표제지 - 판권지(간기면) - 서문(Foreword) - 머리말 - 저자소개 - 차례 - 간지 + 본문 - 맺음말 - 부록 - 면지 - 표지

드디어 책의 내용을 구성하는 본문에 도달했다. 가장 많은 분량이면서 책의 앞 뒤의 구조나 디자인 등 모든 것이 본문의 내용을 잘 전달하기 위한 것이다.

본문의 구조/ 1장>1.대제목>1.소제목

본문은 대부분 계층적 구조로 이뤄져 있다. 작은 단위의 에피소드인 소제목이 모여서 장을 이루고 여러 개의 장이 모여서 책 한 권이 된다. 여기서 책을 나누는 각 장, 흔히 챕터라고 부르는 부분에 간지를 넣고 그 이후에 본문을 삽입해서 내용적 구조를 직관적으로 이해할 수 있게 만든다.

간지/ 본문은 장은 나누는 간지와 내용을 담은 본문으로 이뤄져 있다. 장을 나누는 간지를 꼭 넣지 않아도 되지만, 디자인 페이지를 삽입해서 본문의 시작을 알리고 분위기를 전환한다. 간지의 배치는 페이지가 여유 있으면 마주보게 양쪽으로 넣어도 되고, 한쪽만 넣어서 챕터의 시작과 마주보게 만들어도 된다. 중요한 점은 의도한 대로 완성해서 책을 펼쳤을 때를 생각해서 간지를 넣어야 한다. 간지를 책의 디자인 요소로 사용할 수도 있는데, 여행책이라면 여행 사진을 넣거나, 지도를 넣어서 책의 정체성을 강화하는 쪽으로 자연스럽게 활용하면 된다. 디자인적으로 완성도가 높아도 좋지만, 색지만 넣어도 된다.

챕터를 구분하는 간지는 필수적으로 넣어야 하는 것은 아니지만,

독자를 환기시키는 역할을 한다. 간지뿐 아니라 책에서의 본문이나, 빈 페이지나 여백은 연극에서의 커튼 같은 역할을 하게 된다. 주제가 바뀐다던가 분위기를 바꾸는 것을 독자에게 알리고, 독자가 쉽게 이해하도록 잠시 숨을 고를 틈을 주는 것이다. 각 장의 구성은 챕터 표지와 본문 이렇게 세트로 구성되어 공연의 1막, 2막의 역할을 하면서 독자가 이야기에 집중할 수 있게 해준다.

책이 특별해지는 내지 편집 팁/ 내지 디자인을 잘하는 것은 디자이너에게도 어렵고 손이 많이 가는 일이다. 내지 편집에서 머리말이나 맺음말 페이지에 배경색만 추가해도 독자들이 책을 직관적으로 이해하기 쉽고 덜 지루하다. 배경색이 있는 페이지를 읽으면서 아직 본문이 시작되지 않았음을 알 수 있다. 배경이 있는 머리말이나 차례 페이지를 보고 있다가 흰색 바탕의 본문이 시작되면, 내지 디자인만 보고도 본문이 시작됨을 직관적으로 이해할 수 있게 되는 것이다. 내지 편집을 할 때, 목적이 다른 페이지에는 배경을 추가하는 것만으로도 책의 흐름을 이끌어 갈 수 있다.

내지 편집에서도 가장 중요한 것은 기본을 지키면서, 독자를 배려하는 것이다. 힘들게 내 책을 읽겠다고 펼친 독자에게 중요한 문장, 문단의 주제들을 작가가 읽어줄 수 있는 것이 내지와 본문 편집이다. 공들여 편집하면 내용을 더 쉽게 전달할 수 있다.

TODO LIST 내지 디자인이 잘 된 책 3개를 찾아보고, 제목 스타일이나 간지 디자인을 해보자, 나중에 사이즈 조절이 필요하므로 스타일만 정해본다.

DAY 43 쪽의 구조

표지 - 면지 - 약표제지 - 표제지 - 판권지(간기면) - 서문(Foreword) - 머리말 - 저자소개 - 차례 - 간지 + 본문 - 맺음말 - 부록 - 면지 - 표지

■ **내지편집의 핵심 가독성, 통일성/** 본문을 이루는 내용적 요소로는 각 장의 제목, 소제목, 내용을 이루는 문단, 이미지, 표, 각주 등이 있다. 본문을 종이 위에 보기 좋게 배열하는 것이 기본적인 의미의 내지편집이다. 페이지 위에 글과 문단을 일정한 양식으로 통일성 있게 배치하고, 기능적으로나 보기에 좋도록 여백, 쪽번호 같은 페이지에 반복되는 요소를 잘 정렬하는 것이 핵심이다. 내지편집에서 가장 신경써야 할 것은 가독성과 통일성이다. 쉽게 잘 읽히고, 독서를 방해하지 않으면서, 내용을 잘 설명하는 것이 목적이라고 할 수 있다.

본문의 가독성, 통일성의 틀을 갖추기 위한 요소로는 쪽의 구조와 글자의 배열을 위한 문단 구조가 있다. 이 두 가지 요소는 책의 기본이지만, 완성도를 결정하는 매우 중요한 요소이다.

■ **쪽의 구조(페이지/바탕쪽/판면)/** 책에서 쪽의 구조를 알맞게 정하는 것은 어렵지만, 다행히 <부크크>에서 양식을 제공한다. 직접 페이지의 구조를 만들 필요는 없으나, 각 부분의 기능을 이해해야 책을 만들 때 완성도를 높이고 실수하지 않는다.

■ **대제목 (글자크기12-16pt)/** 차례에도 계층이 있다. 1장>1.대제목>1.소제목 의 형식으로 내용에 따라 나눠지기도 하는데, 장, 즉 챕터는 간지로 구분하고, 대제목은 페이지 안에서 글자 크기와 여백으로

구분해 준다. 대제목의 글자 크기는 정해져 있지 않고, 과감하게 키우기도 하고, 본문과 비슷하게 해도 된다. 다른 책들을 참고해 가면서 자유롭게 정해도 된다. 통상적으로 12-16pt 사이에서 결정하면 무난하다. 글씨체를 바꿔도 되고, 볼드 서체를 사용해도 된다.

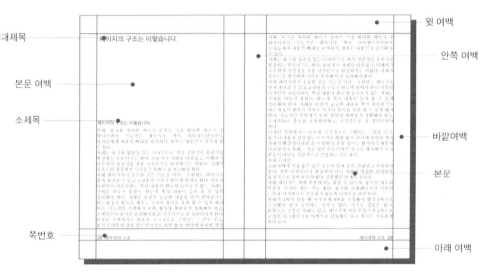

■ 소제목 (글자크기10-12pt)/ 소제목은 꼭 만들어야 하는 요소는 아니다. 독자가 책을 다 읽지 않을 것을 우려해서 소제목을 많이 만드는 것을 추천하는데, 본문을 다 읽지 않아도 소제목만으로도 대강의 내용을 이해할 수 있도록 자세히 만들기도 한다. 지루해지기 쉬운 본문을 시각적으로 나눠줘서 독서의 피로도를 낮출 수 있다. 소제목을 통해서 다음 문단에 대한 궁금증을 유발하기에도 좋다. 지금 이 페이지처럼 소제목 앞에 ■작은 기호를 넣어서 통일성을 주면 글씨 크기가 커지지 않아도 된다.

■ 강조 문구(두꺼운 서체를 쓰거나, 색을 바꾼다.)/ 소제목 이외에도 중요한 문장은 다른 색이나 서체를 사용해서 강조해 준다. **소제목과 강조된 문구만 읽어도 독자가 대충의 내용을 이해할 수 있도록 페이지를 만든다.** 그러면 독자에게는 가독성이 좋아서 읽기 쉬운 책이 되고, 저자가 어떤 내용을 강조하고 싶은지도 쉽게 알수 있다. 북 크리에이터는 텍스트와 본문 편집, 두 가지 방법으로 독자와 소통할 수 있다. 문단의 길이를 짧게 해주는 것도 방법이다.

■ 쪽번호 (글자크기12-16pt)/ 책에서 중요한 요소중의 하나가 쪽번호이다. 책에서 장식적인 요소이고, 기능적인 역할도 한다. 쪽번호는 책의 구조상 왼쪽은 짝수쪽, 오른쪽은 홀수쪽으로 구성 되어있다. 사람의 시선이 잘 닿는 부분은 오른쪽 쪽번호이다. 왼쪽 쪽번호에는 통상적으로 책 제목과 쪽번호를 넣고, 오른쪽에는 각 장의 제목과 쪽번호를 넣는다. 장의 제목이 오른쪽에 와야 지금 읽는 주제를 알기 쉽다.

■ 본문 여백 1-10줄을 띄운다)/ 본문을 구성하는 요소 중에 자가출판 작가들이 가장 이해하기 어려워하는 것이 여백이다. 책에는 여백이 적절히 포함되어 있어야 가독성이 높아지고 책의 편집이 깔끔해진다. 책의 편집이 처음인 작가는 책을 가득 텍스트로 채우려고 하지만, 책이 아마추어처럼 보이지 않는 가장 중요한 부분도 다 여백에 달려있다. 행간, 자간, 페이지 마진 등 모두가 여백을 설정의 문제다. 적어도 본문을 시작할 때만큼은 장의 제목과 본문 문단의 시작 사이에 의미 있는 정도의 넉넉한 여백을 주면 좋겠다. 이 여백은 규칙적으로 설정해야 하고, 보통 3-10줄 정도를 규칙적으로 띄우고 시작하면 된다.

정해진 간격은 없으며, 보기에 예쁜 정도로 만들면 된다.

■ 쪽 여백(윗여백, 아래 여백, 바깥여백 안쪽여백)/ 위에서 설명했듯이 책에서 텍스트만큼 중요한 부분이 여백이다. 마주보는 쪽을 이해했다면 여백도 이해하기 한층 쉬워진다. 책은 두 장의 페이지가 한 쌍을 이루게 되는데, 두 페이지가 맞닿는 안쪽 부분을 제본을 한다. 제본의 방식에 따라서 펼쳐지는 정도가 다르다. 본드로 책의 단면을 접착하는 방식의 현대식 무선제본의 경우라 하더라도 책이 완전히 평평하게 펼쳐지지 않아서 가운데 부분은 글씨가 잘 안 보이게 된다. 이를 피하기 위해, 양쪽 페이지가 맞닿는 안쪽 여백은 바깥쪽 여백보다 넓다.

여백은 위쪽 여백과 아래쪽 여백이 있다. 아래 여백에는 쪽번호가 들어가기 때문에 전체 여백이 똑같다고 하더라도 쪽번호를 입력하는 영역까지 여백으로 보여서 전반적으로 아래쪽 여백이 더 넓게 보이는 것이 특징이다.

표지 - 면지 - 약표제지 - 표제지 - 판권지(간기면) - 서문(Foreword) - 머리말 - 저자소개 - 차례 - 간지 + 본문 - 맺음말 - 부록 - 면지 - 표지

본문을 이루는 최소 단위, 글자/ 책을 이루는 가장 작은 단위는 글자다. 글자는 아름답고 매우 민감한 감각을 필요로 하는 다루기 어려운 요소다. 글자를 배열하는 것을 타이포그래피^{Typography}라고 한다. 타이포그래피의 범주는 로고를 디자인하는 것부터 서체를 만드는 것, 본문 편집을 하는 것까지 글자로 하는 모든 디자인 활동을 가리킨다. 본문 편집에서 타이포그래피라는 거창한 단어를 거론하는 이유는 글자의 간격이 책의 완성도를 좌우하기 때문이다. 표지를 디자이너에게 의뢰해서 완성도 있게 만들었다고 해도 본문을 편집하는 과정에서 글자의 간격이 흐트러진 채로 책을 완성하면, 디자인적인 완성도가 떨어지고, 이는 책의 신뢰도와 결부된다. 이번에도 다행이 <부크크> 양식에 잘 적용하면 되지만, 글자의 배열에 대해서 이해하면 책이 달리 보인다.

여백이 아름다움을 결정한다./ 문단을 이루는 글자를 배열하는 요소에는 글자의 크기, 글자 사이의 간격, 글줄 사이의 간격, 들여쓰기 등의 요소가 있는데, 신기하게도 글자를 제외하고는 모든 요소가 여백에 대한 내용이다. 여백을 어떻게 설정하느냐가 내지편집과 글자배열의 핵심이다.

글자크기/ 본문의 글자 크기는 여러 가지 단위로 표기하기도 하고, 프로그램마다 다른 단위를 쓰기도 하지만, 기본적으로 포인트^{point}를 사용하고 표기할 때는 pt를 쓴다. 글자 크기의 기준은 높이를 말한다.

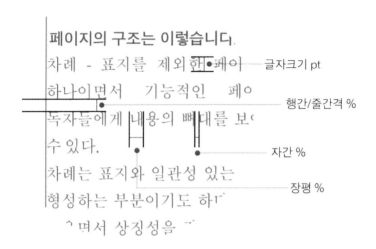

페이지의 구조는 이렇습니다.

차례 - 표지를 제외한 페이 ── 글자크기 pt

하나이면서 기능적인 페이

독자들에게 내용의 뼈대를 보 ── 행간/줄간격 %

수 있다. ── 자간 %

차례는 표지와 일관성 있는

형성하는 부분이기도 하 ── 장평 %

면서 상징성을

본문 글씨크기는 10pt를 기준으로 하면 된다. 글자의 가로 크기는 장평이라고 하고, %로 표기하는 경우가 많다. 100%를 기준이며 글자가 가로로 좁아 보이게 하고 싶으면 97% 정도로 설정해도 된다.

글줄의 간격, 행간/ 행간은 글 줄 사이의 간격이다. 글자 크기의 1.5에서 2배 정도로 설정하고, 빽빽한 본문에는 160%, 여유있는 본문에는 200%까지 설정 가능하다. 이 본문은 180%로 설정되어 있다.

글자간격, 자간/ 글자의 간격은 자간이라고 하고, 자간이 100%면 글자와 글자 사이가 한 글자가 들어갈 정도로 설정하는 것이다. 그런데 자세히 보면 글자와 글자 사이는 약간 겹친다. 자간을 -5%로 설정하면 이 정도로 겹치게 된다. 이 본문은 -5%로 설정되어 있다.

문단의 도입부, 들여쓰기/ 들여쓰기는 문단이 시작되는 지점에서 들여쓰는 정도를 말한다. 들여쓰기의 간격은 글자 한 자의 크기를 기준으로 생각하면 된다. 한 글자 정도를 들여쓰는 것은 10pt, 3배 정도 들여쓰면 30pt로 설정하면 된다. 들여쓰기 같은 문단과 배열도 유행이 있는데, 요즘에는 깊게 들여쓰기 한 책도 많이 보인다. 이 페이지의 들여쓰기는 30pt이고, 책 전체의 들여쓰기는 12pt로 설정되어 있다.

본문 글자 배열 기준값
서체 <부크크>/ Kopub
글자 크기 10pt / 장평 97-100% / 자간 -5-0% /행 간 160-200%
들여쓰기 10-30pt

문단사이의 여백/ 제목과 문단 사이의 여백이나, 문단과 문단 사이의 여백은 독자가 의식하지 않아도 독자의 주의를 환기시킨다. 텍스트는 독자가 의식적으로 읽고 판단하는 내용이고, 여백은 무의식적으로 읽는 형식이지만, 읽는 행동에 영향을 끼친다. '주제가 바뀌는구나,'를 쉽게 받아들이게 하는 장치라고 볼 수 있다.
같은내용이라도띄어쓰기하나도없는이런문장보다는
띄어쓰기가 적절한 문장의 전달력이 좋은 것과 같은 이치이다.

초보자는 책 안에 공간을 주는 것을 불편해하는데, 충분하게 여백을 주고, 소리내어 읽었을 때 한번 쉬어 읽는 정도의 문단이거나 의미적으로 달라진다면 문단과 문단 사이에 여백을 주는 것이 더욱 효과적이다. 단 글자 수가 너무 많은 책이라면 여백을 줄여서 내용을 많이 담고, 글자 수가 너무 적은 책의 경우는 편집을 하면서 여백을 넉하게 활용해서 어느 정도의 페이지 수를 늘려서 조절하는 것도 가능하다. 이 책은 가격을 낮추기 위해서 부득이하게 여백을 줄여서 다시 편집했고, 50 페이지 가량을 줄일 수 있었다.

표지 - 면지 - 약표제지 - 표제지 - 판권지(간기면) - 서문(Foreword) - 머리말 - 저자소개 - 차례 - 간지 + **본문** - 맺음말 - 부록 - 면지 - 표지

    본문이 끝난 뒤에 오는 내용들은 중요도는 떨어지지만 책의 완결성에 도움을 주거나, 본문을 이해하고 나서 필요한 자료를 책 뒤에 삽입한다. 본문 뒤에 내용도 기준이나 형식이 정해진 것은 아니다. 맺음말, 감사, 부록, 색인, 참고문헌이 올 수 있다.

    맺음말/ 맺음말은 책에 따라서 쓰기도 하고 쓰지 않기도 한다. 머리말보다 형식이나 내용이 더 자유롭다. 분량은 한 줄에서부터 몇 페이지까지 자유롭게 적으면 된다. 머리말이 책의 이해를 위한 방향성을 설명하는 것이라면, 맺음말에서 독자와 작가는 동지가 된다. 작가는 책을 쓰면서 어려웠던 일이나, 전달하고 싶은 메시지나, 책을 마친 뒤의 감정 같은 것으로 독자와 교류를 할 수 있다. 맺음말은 책의 주제와 벗어나는 이야기조차 할 수 있는 마지막 기회다. 독자에게 하고 싶은 말이 있다면, 이 기회를 놓치면 안 된다.

    부록, 참고문헌, 색인/ 부록은 책을 활용한 자료나, 참고한 문서나 책을 마지막 부분에 넣는다. 대부분 교재나, 전문서적에 많이 들어간다. 책의 컨셉에 따라서 자유롭고 활용하기 좋도록 넣는 것이 중요하다. 부록과 참고문헌, 색인은 책에서 크게 중요할 것 같지 않지만, 어떤 종류의 책들은 이 부분 때문에 구입하게 되기도 한다. 책쓰기 책에

'본문 디자인 양식 100가지 첨부' 이렇게 되어있다면, 본문을 사는 것이 아니고 부록을 사게 된다.

　전문서적의 경우에는 참고문헌을 잘 정리해 두는 것만으로도, 관련 분야의 유용한 자료 리스트를 확보하게 된다. 참고문헌의 깊이는 책의 신뢰도와 깊이를 보증하는 정보이기도 하다. 독자를 위해서, 작가를 위해서 참고문헌을 잘 정리해 두는 것도 중요하다. 정보가 너무 많아서 옥석을 가리기가 매우 힘들 때, 필요한 정부가 일목요연하게 정리된 책, 자주 찾아보게 만든 책이 있다면 매우 편리하다. 책에 성격에 잘 맞게 정리하는 것도 책의 경쟁력을 갖추는 방법이면서, 책의 수명을 늘리는 법이다.

　이렇게 본문 뒤의 내용도 배치가 끝이 나면, 면지가 책의 시작 부분과 대칭되도록 삽입된 뒤 뒷표지를 만나면서 책이 마무리 된다.

TODO LIST

　원고를 최종 완성하는 날입니다. 원고는 다 쓰셨나요? 원고를 더 마무리하고 싶더라도 이제 내지편집을 진행하면서 교정을 마무리 해야 할 때입니다. 책에는 완벽은 없습니다. 마감만 있을 뿐입니다. 포기하지 않고, 원고 마무리 하시느라 수고하셨습니다.

시키는 대로 책쓰기 플래너 2

90일

종이책

작가되기

DAY 46 〈부크크〉 원고서식 다운 받기

책을 만드는 데는 많은 사람의 노력이 들어간다. 혼자서 모든 사람의 역할을 완벽하게 수행해야 실수 없는 책이 나온다. 〈부크크〉가 없었다면, 불가능할지도 모른다. 〈부크크〉는 자가출판 플랫폼이면서, 초보 작가의 든든한 지원군이다. 내지편집에서 가장 중요한 글자 크기, 글자의 간격, 여백을 양식으로 제공한다. 양식을 잘 지키기만 해도 완성도 있는 책을 만들 수 있다. 원고 양식을 다운로드 받아서, 내지편집을 시작하면 된다. 원고서식을 받을 때는 회원가입하지 않아도 된다.

〈부크크〉 원고서식 다운받기/

❶〈부크크〉 메인에서 **책만들기-종이책**을 눌러서 다운받으면 된다.

❷**원고서식 받기**를 눌러서 서식을 다운 받는다. 다운받은 파일은 압축파일로 되어있는데, 마우스 오른쪽 버튼을 눌러서 압축을 풀어준다. 압축을 해제한 폴더 안에는 판형 별로 〈마이크로워드〉 서식과 〈한글〉 원고서식, 〈부크크〉 폰트도 들어있다. 폰트도 압축을 풀어서

설치해준다. 판형에 맞는 한글 양식을 사용해서 내지편집을 시작하면
된다.

❸같은 페이지에 종이 샘플 요청 버튼도 있는데, <부크크>에서 제
공하는 본문용, 표지용 종이 샘플을 무료로 받아볼 수 있다. 우편으로
일괄 배송하기 때문에 받는데 오래 걸리지만, 미리 신청해서 종이를
받아보면, 종이의 질도 알 수 있고, 동기부여에도 도움이 된다.

❸번 버튼을 눌러서 주소를 입력하면 된다. 한 번만 신청 가능하다.

<한글>은 되고, <마이크로 워드>는 안된다./ 같은 문서편집 프로그램인
데, <한글>은 되고 <마이크로 워드>는 안되는 이유는 뭘까? 유사한
문서 편집 프로그램이 많아지면서 <한글>은 관공서용 프로그램이 되

다시피 했다. 그런데, 책을 만들 때는 <한글>이 절대적으로 유리하다. <한글>은 책을 편집할 수 있는 기능을 잘 갖추고 있고, 한글을 위한 편집 프로그램으로 개발되었다. <마이크로 워드>는 영문폰트를 기초로 만들어진 프로그램이기 때문에 본문 편집에서 자간과 장평, 행간조절을 섬세하게 하더라도 완성된 본문의 완성도가 떨어진다. 특히 자간과 행간은 책의 완성도를 결정짓는 매우 중요한 요소인데, <마이크로 워드>와 편차가 매우 크다. 진문 편집자 중에도 한글로 편집하는 것이 좋은 방법이라고 말하기도 한다.

<한글>만으로 충분할까? <인디자인>을 안 배워도 되는 이유/ <인디자인>을 배워야 하나 누구나 한 번쯤 고민해봤을 것이다. 사실 첫 책을 만들거나 편집, 그래픽디자인 프로그램을 잘 다루는 사람이 아니라면 <한글>이 최선의 선택이다.

책을 만들려는 사람은 <인디자인>을 한 번쯤 들어봤을 것이다. <인디자인>은 책의 구조, 인쇄의 방법까지를 이해하고 사용해야 한다. 프로그램 자체의 난이도가 매우 높지는 않지만, 3개월 안에 배워서 실수 없이 사용하기에는 생각보다 많은 인쇄와 이미지에 관한 배경지식이 필요하다.

그림 하나만 삽입하려고 해도, 그림 파일의 확장자가 jpg라는 것을 알아야 하고, 삽입하는 메뉴도 알아야 하고, 배치도 해야 한다. <인디자인>이라면 훨씬 많은 그림 파일의 형식을 이해해야 하고 해상도와 인쇄시 컬러 재현 방법도 알아야 한다. 이제 막 새 프로그램을 배워서 사용법을 익혔는데, 실수 없이 좋은 책을 만드는 것은 쉽지 않다. 오히려 <한글>에서 실수를 줄이고 깔끔한 책을 만드는 것이 중요하다.

<인디자인>을 배운다고 좋은 디자인의 책이 나오는 것이 아니다.

편집자의 시간과 노력, 안목이 더 중요하다. 이후에 <한글>의 한계를 넘는 책을 만들고 싶다면, 그때 <인디자인>을 배워도 늦지 않다. 이 책은 한글과 컴퓨터의 한글2020을 사용해서 만들어졌다.

TODO LIST 1.원고서식 다운로드 2.종이샘플 신청하기

DAY 47 txt파일로 변환하기

완성한 초고 원고를 <부크크> 양식에 붙여넣기 위해서는 먼저 원고 파일에 적용되어있는 '서식이나 스타일'의 특성을 없애야 한다. '서식, 스타일'은 문서에 적용된 글자의 크기나 서체, 문단 모양을 가리킨다. 한글 파일을 그대로 <부크크> 양식에 붙여넣으면 원본의 폰트와 글씨 크기가 유지되면서 복사된다. 그렇게 되면, <부크크>에서 정해준 서식의 틀이 깨지기 때문에 먼저 초고원고.hwp 파일을 txt파일로 새로 저장하면 쉽게 해결된다. hwp형식의 원본 초고는 훼손하지 않으면서, 내지편집을 위한 복사본 원고를 만드는 것이다.

txt파일 - 텍스트 파일의 한 종류로, 문서, 소스코드 등을 저장하는데 쓴다. 문서의 서식과 스타일이 없는 것이 특징이다. .txt확장자로 표시된다.

파일 이름(N): 초고원고 TXT로 바꾸기.hwp

파일 형식(T): 한글 문서 (*.hwp)

한글 문서 (*.hwp)
한글 서식 (*.hwt)
한글 표준 문서 (*.hwpx)
한글 표준 서식 (*.hwtx)
개방형 표준 문서 (*.owpml)
HWPML 2.x 문서 (*.hml)
워드 문서 (*.docx)
ODF 텍스트 문서 (*.odt)
JSON Document (*.json)
서식 있는 인터넷 문서 (*.html)
XML 문서 (*.xml)
서식있는 문서 (*.rtf)
❷ 텍스트 문서 (*.txt)
CSV 문서 (*.csv)
한글 문서(97~3.0) (*.hwp)
2바이트 문서 (*.2b)

폴더 숨기기

파일 | 편집 · 보기 · 입력 · 서식 · 쪽

새 문서(N) Alt+N
문서마당(T)... Ctrl+Alt+N
문서 시작 도우미(G)
불러오기(O)... Alt+O
PDF를 오피스 문서로 변환하기(D)...
그림을 오피스 문서로 변환하기(H)...
XML 문서(M)
저장하기(S) Alt+S
❶ 다른 이름으로 저장하기(A)... Alt+V
PDF로 저장하기(F)...
모바일 최적화 문서로 저장하기(B)...
문서 정보(I)... Ctrl+Q,I
DAISY 문서(W)
CCL 넣기(Q)...
공공누리 넣기(K)...
첨자로 바꾸기(L)
보내기(E)
편집 용지(J)... F7
미리 보기(V)
인쇄(P)... Alt+P

한글 왼쪽 상단 메뉴에서 **파일 - ❶다른 이름으로 저장 - ❷텍스트 문서** 순서대로 선택해서 사본 텍스트 파일로 만든다.

이제부터는 내지편집을 시작할 때, 원고.txt 파일을 열고, <부크크> 서실 파일을 열어서 원고를 <부크크> 서식에 붙여넣기 하면 된다.

사본 만들기/ 내지 편집을 시작하면, 사본 만드는 습관을 들여야 한다. <한글>은 다른 프로그램과 다르게 오류가 별로 없는 편이지만, 지금까지 책쓰기 수업을 운영하면서 다양한 방법으로 파일을 날려버린 사례를 접했다. 컴퓨터가 갑자기 고장나거나, 그림이나 서체 문제로 PDF 파일이 안 열리기도 하고, 실수로 전체선택을 해서 모든 글자를 지우고 저장해버리는 등 다양한 이유가 있었다. 이때 습관적으로 저장해 놓은 사본이 구세주가 된다. 최소 이틀에 한 번은 오늘 날짜+파일명으로 사본을 만들어 둔다. [다른 이름으로 저장]하면 그때부터는 오늘 날짜로 된 파일에 저장된다. 문제가 생기더라도, 처음부터 다시 시작하는 일은 생기지 않는다. 그림이 많이 들어가는 책을 만드는 사람에게는 사본 저장하기는 필수다.

TODO LIST　1.초고원고파일 txt파일 복사본 만들기

서체와 폰트의 차이/ 서체와 폰트는 글자 모양에 대한 명칭이다. 서체와 폰트는 개념이 살짝 다른데, 서체는 글자의 고유한 모양을 가리키고, 폰트는 그 모양을 활용해서 만든 조합으로 생각하면 된다.

쉽게 이야기하면 〈부크크〉 명조체는 서체이고, 그 안에 〈부크크〉 명조 light/ 〈부크크〉 명조 bold는 폰트다.

서체는 책의 가독성과 디자인, 내용을 전달하는 구체적 형태 요소인데, 용도에 따라 종류도 많고, 완성도도 천차만별이다. 서체는 웹용, 인쇄용이 나눠지고, 제목용, 인쇄용 용도에 따라 다르게 제작된다. 본문용 서체로 완성도가 높은 서체는 대부분 유료라서 자가출판 작가는 선택지가 많지 않다. 본문 서체는 서체에 대한 경험이 많지 않다면, 무조건 부크크 서체를 사용하면 된다. 본문용으로 웹서체나, 손글씨체 등을 사용하는 경우가 있는데, 절대 추천하지 않는다.

본문용 무료 서체/ 본문에 사용해도 아름다운 서체는 한국출판인회의가 만들어서 배포하는 KoPub 바탕체/ KoPub 돋움체가 있고, 〈부크크〉가 제작해서 배포하기 시작한 〈부크크〉 명조/ 〈부크크〉 고딕이 있

다. 4가지 서체 모두 bold와 light로 굵기별 폰트를 포함하고 있다. 둘 중에 어떤 서체가 더 아름답다고 하기는 어려우며, 어떤 것을 사용해도 무방하다. 〈미리캔버스〉에서 사용할 때는 Kopub World 서체를 사용할 수 있다.

〈부크크〉서체와 Kopub 비교.

글쓰기는 인생을 발견하는 것이다.
글쓰기는 인생을 발견하는 것이다.

– KoPub바탕체 Light 20pt(위) / 〈부크크〉 명조 Light 20pt(아래) –

글쓰기는 인생을 발견하는 것이다.
글쓰기는 인생을 발견하는 것이다.

– KoPub돋움체 Light 20pt(위) / 〈부크크〉 고딕 Light 20pt(아래) –

Kopub 서체/ 한국 출판인 회의에서 제작 배포해서 사용할 수 있는 서체로 바탕체, 돋움체가 있고, 각각 Light/Medium/Bold 세 가지 두께의 폰트로 이뤄져 있다. 무료로 전자책과 종이책에 사용할 수 있다. 유료 서체들에 비해서 완성도가 떨어지지 않고, 저작권에서 자유롭다.

한글 11,172자 / 한자 4,888자 / 영문 94자 / KS심볼 986자 / 특수문자 150자
아래 링크에서 다운받을 수 있다.

https://www.kopus.org/biz-electronic-font2-2/

〈부크크〉 서체/ 〈부크크〉가 2022년 (주)산돌과 함께 만든 서체로 가독성이 좋고 미려하다. 완성도 면에서도 유료로 사용하는 인쇄용 서체에 비해서도 전혀 떨어지지 않는다. 상업적인 용도로 기업이나 개인 모두 사용할 수 있으면서 이 정도 완성도의 서체가 나왔다는 사실에 매우 반갑다. 서체 설명의 하단에 서체 사용시 출처를 밝히라고 권장하고 있고, 자유롭게 사용이 가능하다. 명조와 고딕이 있고, 각각 Light/Bold 두 가지 두께의 총 4개의 폰트로 이뤄져 있다.

한글 11,172자 / 한자 4,888자 / 영문 95자 / 약물 985자
아래 링크에서 다운받을 수 있다.

https://bookk.co.kr/font

무료 서체 다운 사이트 〈눈누〉/ 서체는 책에서 가장 분량이 많은 공기 같은 요소이다. 서체는 0.01mm의 예술이기 때문에 완성도 높은 글씨를 고르기가 어렵다. 저작권 문제도 있어서, 상업적으로 사용 가능한지를 확인하는 것은 귀찮은 일이다. 의심하지 말고, 위의 두 서체를 이용해서 본문을 잘 완성하면 좋겠다. 그 외에 제목용 서체는 자유롭게 사용 가능한데, 무료로 사용 가능한 서체는 〈눈누〉에서 다운 받을 수 있다. 눈누에서 다운 받더라도 상업적 사용범위가 다 다르기 때문에 각 서체 페이지에서 사용범위를 확인해야 한다.

https://noonnu.cc/

서체 설치하는 법/ 폰트를 다운 받았다면 압축을 풀고, 폰트 파일을 선택한 뒤 오른쪽 버튼을 눌러서 압출을 풀어준다. 서체 파일을 설치하고 나면 한글 프로그램을 다시 시작해야 서체를 사용할 수 있다.

 1.필요한 서체 다운받고, 설치하기

DAY 49 쪽 배열의 구조

내지편집을 시작하기 전에 알아두어야 할 쪽 배열의 여러 가지를 확인해야한다. 쪽 배열의 구조를 알아야 실제 책을 만들었을 때 실수가 없다.

세상의 모든 1페이지는 짝이 없다/ 모든 책은 오른쪽 첫 페이지부터 시작되고, 여기서부터 쪽번호를 센다. 1페이지는 항상 짝이 없는 홀수

쪽이다. (물론 문화에 따라 뒤에서 시작되는 책들도 있다.) 책의 페이지 수를 셀 때 면지는 세지 않는 경우가 많은데, 내지와 재질이 달라서 따로 센다. 아래그림에는 면지 1장이 들어가 있다.

　쪽의 배열/ 1쪽은 약표제지로 시작되고, 2페이지에는 판권지를 넣어도 되고, 비워둬도 된다. 3쪽에는 표제지를 배치한다. 2쪽부터는 3쪽과 마주 보면서 양쪽으로 펼쳐진 구조가 된다. 이렇게 두 페이지가 마주보는 것을 맞쪽이라고 한다. 쪽의 배열 순서는 머리말 - 차례 - 간지 - 본문 순서로 배열하면 되지만, 그림처럼 양쪽으로 딱 맞아 떨어질 필요는 없다. 맞쪽이 어떻게 구성되는지 계획을 잘 세우면 된다.

맞쪽의 규칙/ 책은 항상 1쪽이 오른쪽에서부터 시작하기 때문에, 왼쪽은 항상 짝수쪽, 오른쪽은 항상 홀수쪽이다. 어떤 책을 펼쳐보아도 09-10 페이지가 맞쪽인 경우가 없다. 10-11 페이지가 맞쪽이 된다.

쪽번호의 규칙/

왼쪽 - 짝수쪽 - 책제목+ 쪽번호　　　　　**오른쪽 - 홀수쪽 - 장 제목 + 쪽번호**

쪽번호는 항상 위와 같은 구조를 기본으로 만들면 된다. 쪽번호만 보더라도 책이 완성되었을 때의 모습을 예상해 볼 수 있다. 그러나 이것만으로는 실수를 막을 수 없기 때문에 책을 만들 때 쪽 배열표를 만들기도 한다. 한글에서는 책을 완성했을 때 마주보는 쪽을 보여주는 '맞쪽보기' 기능이 있다.

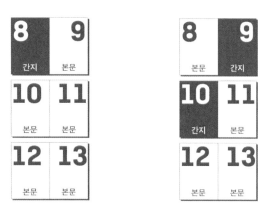

-간지를 1쪽만 배열(왼) / 간지를 1장으로 배열(오)-

앞 페이지의 큰 그림처럼 8-9페이지 간지를 마주보게 양쪽으로 넣어도 되고, 간지를 한쪽에만 넣거나, 앞뒤 한 장으로 넣어도 된다. 정해진 것은 없고 실물로 만들었을 때의 구조를 이해하면 된다.

내지편집 언제 시작할까?/ 원고가 완성되었다면, 퇴고를 시작하면 된다. 첫 책을 쓸 때는 얼마만큼 원고를 완성해서 내지를 편집해야 할지 몰랐다. 초고파일에서 한번 간단히 퇴고를 하고, 내지편집을 시작했다. 출판사에서는 책을 만들 때 교정을 3회까지는 한다고 한다. 전문가들이 3번을 고쳐도 완벽을 만들 수 없다. 자가출판 작가들은 더 많이 보는 것이 유일한 방법이다.

첫 책을 만들 때는 내지편집을 하면서 동시에 교정을 진행하면 된다. 교정과 교열을 처음 해보는 사람은 빠르게 책의 형태로 완성해가면서 완성된 원고로 봐야 더 잘 보인다. 내지편집 과정 자체가 퇴고와 편집을 동시에 진행한다고 생각하면 된다. 내지편집을 하다가 발견한 오타를 안 고치고 넘어갈 수는 없다. 교정을 2차, 3차 진행하면서 본문 편집의 완성도도 함께 높여가면 좋다.

내지편집 프로세스/
초고완성 - 판형 정하기 - 내지 양식 다듬기 - 양식에 붙여넣기 - 필수 페이지 작성 - 내지 디자인 완성 - PDF로 저장하기 - <부크크>에 등록 - 승인 - 판매시작

내지 디자인, 편집은 위와 같은 프로세스를 통해서 진행된다. 통상적인 책 만들기의 과정과 비슷하지만 다르다. 내지 디자인을 직접 해도 되고, <부크크>에서 배포한 내지 양식을 그대로 사용해도 된다. 책의 내지, 본문이 들어가는 페이지의 디자인을 특별하게 하고 싶을 수도 있지만, 첫 책을 낼 때는 <부크크>가 제공한 양식에 디자인을 추가하는 식으로 본문 편집을 진행하는 것이 좋다.

본문 가독성을 살리는 자간, 행간과 내지의 여백 같은 요소들은 오랜 경험으로도 언제나 정하기 어렵다. <부크크>가 제공한 양식을 무너뜨리지만 않으면, 잘 읽히고, 보기 좋은 책으로 만들 수 있다. 책의 본문 페이지 디자인은 기본을 지키면서, 작은 요소 몇 가지만 추가해도, 개성있는 책으로 만들 수 있다.

자가출판에서는 디자인도 중요하지만, 신뢰와 완성도가 먼저. 최대한 실수를 줄이고 일단 기본기를 갖추는 것을 목적으로 삼았다. 우리는 할 일을 다 하고, 시간을 쪼개서 꿈을 이루는 중이다. 결코 쉽게 쓰지 않았다는 것을 편집에서 증명해야 한다.

DAY 51 판형 확정하기

초고완성 - [판형 정하기] - 내지 양식 다듬기 - 양식에 붙여넣기 - 필수 페이지 작성 - 내지 디자인 완성 - PDF로 저장하기 - <부크크>에 등록 - 승인 - 판매시작

판형이란/ 판형은 책의 크기규격을 말한다. 판형의 규격은 몇 가지가 있는데 우리가 잘 아는 A4도 이 규격에서 나온 크기다. 종이의 판형에 대한 설명은 무궁무진하게 다양한 방식으로 할 수 있지만, 4가지만 기억하면 된다. <부크크>에서 인쇄할 수 있는 규격은 4가지뿐이기 때문이다. 판형은 원고를 기획하는 단계에서부터 정해야 한다. 책의 성격에 따라 더 유리한 크기가 있기 때문이다. 시집이라면 분량이 작으니 작은 책으로, 문제집은 필기할 필요가 있으니 A4크기로 만들어야 유리하다. 앞서 책의 크기를 생각해보라고는 했지만, 구체적으로 판형에 대해 설명하지 않은 이유는 자가출판의 경우 완성단계에서 판

형을 변경해야 하는 경우가 많기 때문이고, 종류가 4가지뿐이기 때문이다. 이는 거의 분량에 따라 나누면 된다.

이제 구체적으로 책의 사이즈, 즉 판형을 결정해야 할 때가 왔다. 사이즈를 정할 때 고려해야 할 것은 책의 분량과 종류, 가격 등이 되겠다. 그림이나 사진이 많이 들어간다면 사이즈가 큰 것이 유리하고, 책의 분량이 적으면 작은 사이즈로 만들어야 한다. 같은 분량의 원고라 하더라도 책의 사이즈에 따라서 두께와 가격이 달라지는 것을 확인하면서, 최정 결정하는 것이 좋다.

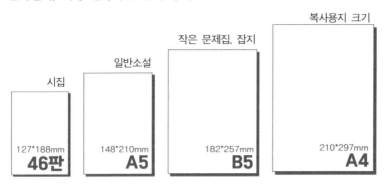

<부크크>에서는 위의 판형으로만 책을 만들 수 있는데, 가장 많이 사용되는 크기다. 46판은 시집이나 에세이, A5는 일반적으로 단행본으로 가장 많이 사용하는 사이즈이고, B5, A5는 문제집이나 잡지, 그림책 같은 큰 크기의 책을 만들 때 쓴다.

판형별 적절한 글자 수/ 그래도 결정하는데 어렵다면, 분량을 기준으로 정할 수도 있다. 일괄적으로 분량을 정하기는 어렵지만, 첫 책을 내는 사람이고, 조언을 구할 사람이 없다는 전제하에 글자 수로 참고할 수 있도록 기준을 정했다.

46판 -A4 50장 이내 7만자 이하/ 46판은 100쪽 이하의 얇은 책으로 만들어도 된다. 요즘은 두꺼운 책을 내도 독자들이 다 읽지 않기 때문에 얇고 가벼운 메시지를 담아서 쓰는 것도 나쁘지 않다. 분량이 많아도 46판으로 내도 된다. 분량이 너무 많으면 46판으로 낼 경우 펼칠때 불편할 수 있으므로 15만자가 넘거나 400쪽을 넘으면 A5판형으로 내는 것이 좋다.

A5 -A4 50장 이상 7만자 이상 (최소 100쪽 이상)/ A5로 책을 만들때는 최소 100쪽 이상으로 만드는 것이 좋다. 100쪽보다 쪽수가 적으면 책이 너무 얇고 배포용 간이 책자 같은 느낌이 든다. 글자 수가 7만자 이하인데 큰 책으로 만들고 싶어하는 분들이 있는데, 책을 냈을때 일반도서 느낌이 절대 나지 않는다. 만약 책의 느낌이 궁금하다면 책등 높이 0.5mm를 자로 재보고 비슷한 두께의 노트를 찾아보면 감이 온다. 46판으로 내기에는 분량이 많고, 글자 수가 대략 8만자 정도로 모자란다면, 편집을 여유있게 하는 것으로 해결할 수 있다. 사진을 많이 넣거나, 장의 제목을 써넣는 간지를 많이 삽입하거나 빈페이지를 삽입하는 것으로 분량을 조절 할 수 있다. 두께감 있으면서 가격도 적당한 분량은 250쪽 내외인 것 같다.

예)A5 250쪽 내지 흑백일 때 책등17mm 15000원
내지 칼라일 때 책등15mm 17000원

B5/A4/ 큰 글씨 책을 내거나, 어학용/잡지/그림책/문제집을 만들때 용도에 따라 선택한다. 다만 가격이 비싸지므로 페이지 수에 따른 가격을 예상해보고 만들어야 한다.
 <부크크>에서 가격과 책의 두께를 알아볼 수 있는 방법은 책 만들

기에서 흑백, 칼라를 선택하고, 판형을 선택, 표지의 종이를 스노우로 고르고, 날개있음 옵션을 선택한 뒤 오른쪽의 페이지수 옵션에 페이지 수를 입력하면 된다. 가격은 앞에서 설명했듯이 15000원 근처라면 15000원 이상으로 설정해야 한 권만 사도 무료배송을 받을 수 있다.

<부크크>에서 책등 두께와 가격 확인하는 법

<부크크>- ❶책만들기-❷새종이책

❸내지컬러 선택-❹판형선택-종이선택-날개 있음-❺장수 입력

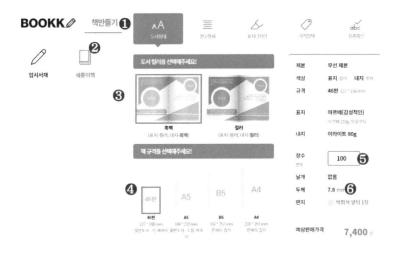

-<부크크> https://bookk.co.kr/author/make/paperBook -

❻책의 두께와 예상 판매가격을 책을 만들기 전에 계산해 보고, 가격이 너무 비싸지나 않은지, 두께가 너무 얇지 않은지 미리 알아봐야 한다.

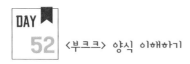

초고완성 - 판형 정하기 - [내지 양식 다듬기] - 양식에 붙여넣기 - 필수 페이지 작성 - 내지 디자인 완성 - PDF로 저장하기 - 〈부크크〉에 등록 - 승인 - 판매시작

　〈부크크〉 양식을 사용할 때는 **한글 메뉴에서 [보기 - 메모]**를 체크 해제해야 페이지 오른쪽에 붙어있는 메모가 사라져서 보기 좋다. 〈부크크〉 양식은 오른쪽과 같은 순서로 되어있는데 필요한 부분은 작성하고, 필요한 페이지는 추가해가면서 책의 본문 편집을 하면 된다.

　〈부크크〉 서식의 쪽 배열/ 면지는 표시되지 않아도 자동으로 들어간다. ❶약표제지부터 작성하면 되고, 제목만 작성한다. ❷판권지는 책 맨 뒤로 보내도 된다. ❸표제지는 속표지로, 표지 이미지와 작가, 출판사 정보를 포함에서 만든다. ❹차례는 양식대로 사용해도 되고, 원하는 대로 수정해도 된다. ❺머리말 원고를 붙여넣으면 된다. ❻본문페이지 앞에 챕터의 제목인 간지를 넣어도 되고, 바로 본문을 시작해도 된다. 본문에서는 제목만 자유롭게 사용하고, 본문은 양식을 흐트러뜨리지 않아야 한다.

　〈부크크〉 배포용 〈한글〉 서식의 기본 포맷(글자모양)/
사용폰트: 〈부크크〉 명조 Light /크기: 10pt /상대크기: 100%
장평: 105% /자간: -5%
문단모양: 양쪽정렬 /행간: 200% /들여쓰기: 8.3pt
　위 포맷은 어차피 적용되어 있으므로, 참고만 하면 된다. 〈부크크〉 양식을 이해하고 내 책의 구조에 맞게 필요한 페이지는 추가하고 필요없는 페이지는 삭제하면서 쪽을 구성하면 된다.

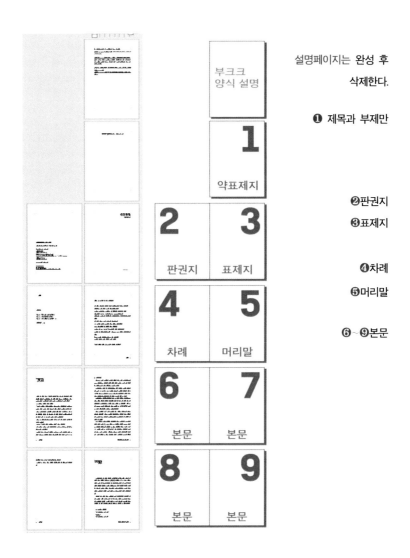

설명페이지는 완성 후
삭제한다.

❶ 제목과 부제만

❷판권지
❸표제지

❹차례
❺머리말

❻~❾본문

❶,❸페이지 위치를 이동하면 안된다.❷맨 뒤로 보내도 된다. ❷,❸,❹,❺양식을 지키지 않고 자유롭게 만들어도 되는 페이지 ❻본문 페이지 앞에 장제목인 간지를 끼워 넣어도 좋다. ❻~본문 부터는 원고를 붙여넣으면 된다.

만약 디자인적인 요소를 각 페이지에 만들고 싶다면, 이 단계에서 쪽 양식을 정해서 샘플페이지 한 세트를 만들고 복사해서 사용하면 된다. 디자인 요소나 컬러는 차례 페이지와 시각적으로 일관되면 좋다.

TODO LIST

<부크크> 양식과 판형을 설명하기에는 뒤늦은 감이 있지만, 그만큼 책의 구조에 대한 이해가 중요합니다. 지면으로 설명하다보니, 일정과 완벽히 딱 맞추기가 어려운 점이 있습니다. 이제부터는 내지 편집에 필요한 부분을 미리 앞서나가셔도 됩니다. 내지 편집에도 항상 시간이 모자랍니다. 일정보다 앞서 나가면서, 내지편집에 필요한 기능을 빨리 익히고, 편집에 집중하시면 됩니다.

DAY 53 재단영역 확인하기

<부크크> 양식을 사용하지 않으면, 반드시 이해할 것

초고완성 - 판형 정하기 - [내지 양식 다듬기] - 양식에 붙여넣기 - 필수 페이지 작성 - 내지 디자인 완성 - PDF로 저장하기 - <부크크>에 등록 - 승인 - 판매시작

인쇄용 내지파일을 만들 때는 재단을 위한 영역이 설정되어야 한다. 이미 쪽의 구조에 대해서 설명했지만, <부크크> 양식을 사용하지 않고 한글 파일을 직접 만들거나, 그림을 삽입할 때 반드시 알고 넘어가야 한다. 모든 인쇄용 파일에는 재단영역이 설정되어 있다.

재단영역이란/ 재단 영역은 말 그대로 인쇄 후 판형에 맞게 종이를 잘라낼 때의, 오차범위라고 할 수 있다. 인쇄소의 인쇄는 가정용 프린

터기기처럼 맞는 사이즈의 종이에 인쇄하는 것이 아니고, 큰 종이에 여러 쪽을 한 번에 인쇄한 뒤 자른다. 이때 잘리는 지점에 오차가 생긴다. 그 오차 범위가 3mm 이내로 다 들어오기 때문에 3mm정도 여유있게 사이즈를 설정한다.

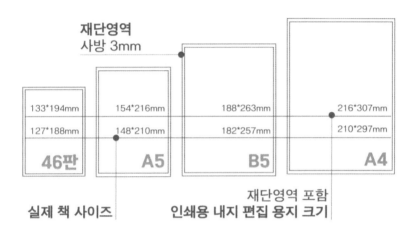

우리가 편집하는 용지 A5의 경우 154*216mm(재단영역 포함)이지만, 책으로 만들어지는 크기는 148*210mm(재단 후)로 생각해야 한다. **한글 메뉴에서 [파일 -편집용지]**를 눌러보면 <부크크>에서 배포한 양식의 크기도 154*216mm 인 것을 알 수 있다. 미리캔버스에서 일부 페이지를 만들어서 추가하는 경우나 한글 파일을 직접 만들어서 사용하는 경우 판면 사이즈를 아래와 같이 설정해야 한다.

판형별 판면 사이즈/ 재단 전 편집시 사이즈(재단영역 포함)
46판: 133*194mm   /A5: 154*216mm
B5: 188*263mm   /A4: 216*307mm

편집용지 메뉴 확인하기/ 편집을 시작하기에 앞서, 편집용지 메뉴에 들어가서 ❶편집용지 사이즈 확인, ❷맞쪽으로 설정되어 있는지 확인하고 편집을 시작한다

❸편집용지에서 보는 맞쪽 설정은 마주보는 쪽의 안쪽 여백 값을 설정하기 위함이다. 문서작성시에 화면을 어떻게 보느냐와 다른 설정이다. 화면보기 설정은 따로 설정해야 한다.

〈부크크〉 회원가입

책을 만들기 위해서 시작한지 50일이 넘었다. 책을 이해하는데만

한 달이 넘게 걸렸다. 물론 그 사이에도 충분히 해야 할 일이 많았다. 완성된 원고를 인쇄하고 출판하고 유통해 줄 <부크크>를 둘러보고 회원 가입을 할 시간이 왔다.

<부크크> 메인화면의 메뉴는 책만들기 /작가서비스 /서점 /커뮤니티 로 구성되어 있다. 책만들기는 앞으로 단계별로 자세히 소개하면서 책을 등록하게 될 메뉴이고, 서점은 <부크크>의 온라인 서점이다.

<부크크> 서점에서는 자가출판한 책들을 볼 수 있다. 장르별로 시, 에세이 /소설 /전기, 회고록 /경영, 경제, 자기계발 /인문사회 /기타 / 무료, 체험판으로 구성되어 있는데, 책에서 카테고리는 중요한 요소이기 때문에 둘러보면 좋다. 커뮤니티 메뉴는 고객센터, 작가 노하우 등 게시판을 모아 두었다.

<부크크> 회원가입/ ❶<부크크> 메인페이지의 오른쪽 상단을 눌러서 회원가입을 진행한다. 회원가입에는 아이디와 이메일 주소, 비밀번

호만 입력하고, 동의와 '로봇이 아닙니다' 에 체크하면 된다.

❷회원가입 후에는 인증관리에 들어가서 각각의 정보를 인증하면 된다. 책을 구입할 때는 인증이 필요 없지만, 책을 등록하기 위해서는 인증을 마쳐야 한다. 이메일, 휴대폰, 주민번호 3가지를 모두 인증해야 한다. 빨간색 사각형 부분을 누르면 인증창이 팝업으로 뜬다

❸마지막으로 계좌정보를 입력하면, 책을 등록할 준비가 다 된다.

<부크크> 회원가입과 인증을 완료하지 않으면 책을 등록하는 과정에서 해야 한다. 책을 등록하는 과정에서는 체크해야 할 다른 것들이 많아서, 시간이 여유 있을 때 회원가입을 해두는 것이 좋다. 책을 마무리할 때가 되면 고양이 손이라도 빌리고 싶게 된다. 비밀번호와 아이디를 잊지 않도록 기억해야 한다. 이제 우리는 <부크크>에 한 달쯤 뒤에 다시 로그인하게 된다.

TODO LIST <부크크> 회원가입하기, 2.회원인증하기 3.수익계좌 등록하기

이 책의 완성을 코앞에 두고 <부크크> 사이트 개편이 있었다. 덕분에 스크린샷 파일을 모조리 새로 만들고 원고를 수정해야 했다. 90일 안에도 이렇게 많은 것이 바뀐다. 책을 쓰기로 마음먹었을 때 마무리해야 하는 이유다.

〈부크크〉 작가서비스

작가서비스 메뉴는 자가출판 작가들에게 유용한 서비스다.

고급표지   표지디자이너   내지디자인   교정·교열   기타서비스

〈부크크〉에서는 표지나 내지 디자인, 교정, 교열 등 자가출판 작가가 저렴한 가격에 꼭 필요한 전문가의 서비스를 이용할 수 있다. 이런 서비스가 있는데, '굳이 자가출판을 공부하면서 고생을 해야 하나' 싶지만, 이 서비스를 다 이용하면 비용면에서 자비출판이 나을 수도 있다.

〈부크크〉에서 표지 구입이 가능하다/ 표지 만들기가 정 어렵다면 〈부크크〉의 작가 서비스를 이용하면 실수를 걱정하지 않아도 되고, 책의 완성도를 높여준다. 책의 표지 디자인의 가격도 저렴한 편이다.

고급표지 206종

표지디자인	표지디자인	표지디자인	표지디자인
본질	해일의 노래	마음과 마음	지난 여름 기념품 가게에서 있던 일
ifeelgoodi	bookk	ifeelgoodi	ifeelgoodi
90,000원	80,000원	90,000원	90,000원

최저가격 9만원대의 표지는 표지를 직접 만들어보면 충분히 값어치를 한다는 것을 알게 된다. 가격대별로 다양한 표지를 구입할 수 있고, 디자인을 의뢰 할 수도 있다.

인기 내지디자인

내지디자인	내지디자인	내지디자인	내지디자인
내지편집[아레스]	**잊혀진 계절**	**내지편집[포인트]**	**내지편집 [아틀리에]**
bookk	bookk	bookk	bookk
2,000원	2,000원	2,000원	2,000원

내지 편집 의뢰 가격/ 내지 디자인은 디자인을 판매하는 것이 아니고, 내지편집을 의뢰하는 것으로, 페이지당 가격이 2000원부터 시작된다. 100페이지라면 20만원이 소요되기 때문에 저렴한 가격이지만 부담이 될 수 있다. 자가출판으로 출간하는 기관이나 단체라면 이용하면 좋다. 충분히 합당한 가격이다.

인기 교정·교열

교정·교열	교정·교열	교정·교열
원고 살펴봐드립니다. (교정 교열 등 등)	국어교육 전공/교정.교열.윤문 전문 프리랜서 '글맛'	원고 교정/교열
cym8930	sinpa7	sds0935
15,000원	20,000원	15,000원

샘플 교정 받아보기/ 교정 교열이 도무지 감이 잡히지 않으면, 어느 정도의 샘플 원고만 의뢰해 볼 수 있다. 10페이지에 15,000원부터 시작되기 때문에 완성도를 높이고 싶으면 교정을 의뢰해도 된다.

<부크크>가 제공하는 핵심 작가서비스는 표지디자인, 내지디자인, 교정, 교열 세가지다. 첫 책을 내는 작가에게 필수적인 서비스이기 때문에 잘 활용하면 책을 내는 시간을 줄일 수도 있고, 완성도를 높일 수 있다. 이 중에서 가장 추천할만한 서비스는 역시 표지 디자인이다. 내 책과 만날 사람의 90% 이상이 표지만 보게 된다. 비용 대비 효율적인 선택이 될 것이다.

TODO LIST <부크크> 작가서비스 1.표지 2.교정,교열 3.내지디자인 상세 페이지에 들어가보기

작가서비스를 구매하지 않더라도 한두페이지는 방문해 봐야 한다. 상세페이지만 잘 봐도 작가서비스의 프로세스가 보인다. 전문가들의 퀄리티와 작업방식만 익혀도 도움이 된다.

DAY 56 한글 기본기능 1

책을 만들다 보면 <한글>의 기능을 자세히 알게 되는데, <한글>만 잘 사용해도 <인디자인>보다 간편하게 책을 만들 수 있다. <인디자인>은 자유도가 높고 다양한 설정이 가능한 반면에, <한글>은 정해진 틀 안에서 기능을 잘 활용해야 한다. 이점이 오히려 초보자들의 실수를 줄여주는 효과가 있다.

자유도가 높으면 규격 외의 특별한 책을 만들 때 여러 가지 시도를 해볼 수 있지만, 인쇄나 종이, 책을 만드는 과정을 잘 이해하지 못하면, 실수를 낳기 쉽다. 중요한 점은 우리는 작가가 되고 싶어서 책을 만드는 것이지, 디자이너나 편집자가 되려고 책을 만드는 것이 아니다. 우리는 작가의 언어를 가다듬고, 책은 기본기에 충실하면서 완성도 높게 만들면 된다.

한글메뉴를 편집에 필요한 순서대로 설명하기는 어려워서, 임의로 순서를 분류해서 설명했다. 일정을 지키지 말고, 빨리 익히면 좋겠다.

책만들기에 필요한 한글 기능/

☐ **편집용지 설정하기** / ^{한글} 상단메뉴 **파일 - 편집용지**

편집용지 설정창이 열린다. 편집용지의 폭과 길이를 설정하고, 맞쪽 설정과 용지 여백을 설정할 수 있다.

☐ **분량 확인** / ^{한글} 상단메뉴 **파일 - 문서정보 - 문서통계**

문서통계를 통해서 지금까지 쓴 ❶글자 수와 쪽수, 원고지 기준으로 몇 장인지, 표나 그림의 개수를 알 수 있다. 글자 수는 한글 왼쪽 하단에도 표시된다.

☐ **폰트 한번에 바꾸기** / ^{한글} 상단메뉴 **파일 - 문서정보 - 글꼴정보**

바꾸고 싶은 폰트가 있거나, 사용하면 안되는 폰트를 사용했을 때 한 번에 고칠 수 있다. ❶바꿀 폰트를 선택하고 ❷번 버튼을 누르고, ❸바꿀 폰트를 고르면, 같은 종류의 폰트를 한 번에 바꿀 수 있다.

□ **그림 한번에 바꾸기 /** ^{한글 상단메뉴} **파일 - 문서정보 - 그림정보**

한글 문서 내에 그림도 쉽게 바꾸거나 저장할 수 있다. 그림을 선택해서 ❶그림 목록에서 한 개의 그림만 저장 할 수도 있고, ❷문서 내의 모든 그림을 저장할 수도 있다. ❸바꾸고 싶은 그림을 선택해서 바꿀 수도 있고, ❹문서 내의 그림 목록을 저장할 수도 있다.

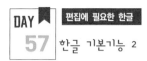

🖥 글자모양 설정/ ^{한글 -그림메뉴} 편집 - 글자모양

글자모양은 자간과 장평 등 글자 크기와 간격을 자세히 설정할 수 있다. 글자모양을 누르면 설정창이 열린다. 추가로 윗첨자와 아랫첨자도 글자모양에서 설정할 수 있다. 앞서서 자세히 설명했으므로, '52일차 <부크크> 서식 이해하기'를 참고 하면 된다.

🖥 문단모양 설정 / ^{한글-그림메뉴} 편집 - 문단모양

문단 모양 설정에서는 양끝 맞추기, 왼쪽정렬, 가운데 정렬, 오른쪽 정렬을 설정할 수 있고, 들여쓰기 분량도 정할 수 있다. 보통은 양끝 맞추기를 사용하지만, 시나 짧은 글은 왼쪽정렬이나 오른쪽정렬을 사용해도 된다. 행간도 문단모양에서 설정할 수 있다. 역시 52일차 <부크크> 서식 이해하기'를 참고하면 된다.

⊟ **스타일 설정** / ^{한글-그림메뉴} **편집 - 스타일**

문단 모양의 스타일이나 각주, 쪽 번호의 스타일을 지정해 두고 상황에 맞게 사용할 수 있다. 본문의 구성이 복잡하거나 반복되는 스타일이 있을 때 지정하면 좋다. 스타일은 문단 스타일을 말한다.

⊟ **보기 설정** / ^{한글 그림메뉴} **보기**

문단부호는 내지편집 하는 동안 체크 해둔 상태로 편집하는 것이 좋다. 그래야 빈공간에 몇 줄이 삽입 되어있는지, 맞춤법이 틀린 부분을 쉽게 알 수 있다. 조판부호는 여러 가지 편집에 중요한 기능으로 따로 설명하겠다. 메모는 <부크크> 양식을 다운받으면, 페이지 옆에 메모면이 있다. 편집할 때는 꺼두는 것이 편리하다. .

⊟ **쪽 모양 보기 설정** / ^{한글 그림메뉴} **보기 - 작업창 -쪽 모양보기**

쪽 모양보기를 설정하면 화면 오른쪽에 작은 크기로 쪽 모양이 나열되어 책의 흐름을 한눈에 볼 수 있다. 쪽을 선택하고 더블 클릭하면, 바로가기가 된다. 쪽을 선택하고 오른쪽 버튼을 누르면, '쪽 복사하기', '쪽 붙이기', '쪽 지우기'를 한 번에 할 수 있다. 각 장의 시작 부분에 간지를 넣거나, 맨 앞에 넣었던 판권지를 맨 뒤로 옮기는 등 쪽 전체를 이동할 때 편리하다.

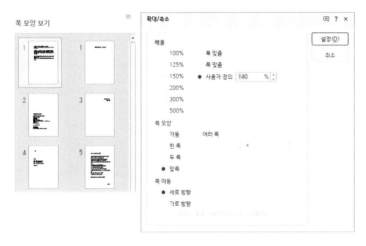

☐ **맞쪽 보기 설정** / 한글 그림메뉴 **보기 - 확대/축소**

보기의 확대/축소 메뉴나 프로그램 창 맨 오른쪽 하단에 돋보기를 누르면, 화면을 확대하고 축소할 수 있다. 설정창 쪽모양 메뉴에서 맞쪽으로 설정하고, 편집을 진행해야 책으로 나왔을 때 마주보는 페이지끼리 보여주게 된다.

TODO LIST 쪽모양 보기와 맞쪽보기는 꼭 확인해야 한다.

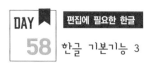

색인 만들기/ 한글 -그림메뉴 **도구 - 색인**

한글을 이용하면 색인도 쉽게 만들 수 있다. 색인으로 설정할 단어 앞에 커서를 두고 '색인 표시'를 이용하면 단어를 수정할 수 있는 창이 열린다. 필요할 때마다 색인 표시를 해두면, 한꺼번에 색인 만들기를 통해서 분량이 많은 책이라도 색인을 만들 수 있다. 색인 표시창에는 띄어쓰기를 기준으로 단어가 인식된다. 넣기 버튼을 누르기 전에 보기 좋게 정리해야 한다.

왼쪽 창에서 색인 표시 단어를 '넣기'를 눌러서 넣어둔다. 색인 만들기를 하면, 오른쪽처럼 정리해 준다. 색인 단어를 '가나다'순으로 정리해 주고, 그 단어가 위치한 페이지를 적어준다. 이 내용을 잘 정리해서 책의 마지막 부분에 삽입하면 쉽게 색인을 만들 수 있다.

▭ 배포용 문서 만들기/ ^{한글 -그림메뉴} 보안 - 배포용 문서로 저장

전자책과 종이책으로 출간했지만, 용도에 따라서는 파일 상태로 배포해야 하는 경우가 있다. 홍보용 책이나, 강의 교재는 온라인 서점을 거치지 않고 직접 배포하기도 한다. 이때 원본 파일 상태로 파일을 배포할 경우 의도와 다르게 수정되어 재배포 되거나 일부 원문을 쉽게 재사용 할 수 있다. 이를 막을 수 있는 최소한의 방법이 배포용 문서로 저장하는 것이다. 완벽한 복사방지는 없지만, 다수의 사람들을 대상으로 배포할 때는 최소한의 안전장치로 배포용 문서로 저장 기능을 이용하면 좋다.

배포용 문서로 저장할 때는 암호를 먼저 입력한다. 암호는 문서를 열어서 보는 것과는 상관이 없고, 인쇄나 복사를 할때만 필요하다. 배포용 문서로 저장하면 인쇄나 복사를 할 수 없다.

▭ 보안문서 만들기/ ^{한글 -그림메뉴} 보안

문서를 열 때 암호를 입력해야 하는 보안문서도 있다. 보안 탭에 있으며, '보안 문서로 저장' 기능을 이용하면 된다. 문서는 누구나 공유할 수 있지만, 암호가 없으면 내용을 볼 수 없어서, 강의자료를 배포할 때, SNS로 홍보할 때 주로 이용된다.

DAY 59 편집에 필요한 한글
〈부크크〉 서식에 붙여넣기

원고를 txt파일로 변환을 마쳤고, 이미 〈부크크〉 서식에 붙여넣고 있겠지만, 붙여넣기에도 방법이 있다. 설명이 늦었지만, 서식을 한번 더 점검하면서 정리하면 좋다.

이미 설명한 것처럼 소제목이나, 차례처럼 내지는 서체나 양식을 정해서 디자인을 바꿔도 되지만, 본문은 양식을 그대로 활용하는 것이 좋다. 본문의 문단 모양까지 바꾼다면 양식에 힘들게 붙여넣기 하는 이유가 없다. 다운로드 받은 양식이 흐트러지지 않도록 원고를 붙여넣기하면서 전체 원고를 한 번 더 읽고 확인하는 과정을 거치면 된다.

중요한 점은 일관성을 유지하는 것이다. 소제목과 본문 사이의 간격이 일정해야 하고, 제목에 사용한 서체의 크기나 색이 이랬다, 저랬다, 바뀌면 안 된다. 책 안에서 요소들은 통일성 있게 배치되어야 독자가 이해하기 좋다. 책에 디자인적 요소를 추가하고 싶다면 다른 책을 많이 보면서 참고하고, 적용해보면 된다.

붙여넣기의 목적은 빠르게 원고 붙여넣기를 마치고, 원고의 전체를 한번 다 읽어서 확인하고, 쪽의 배열을 마쳐서 책의 구성을 완성하는 것이다. 붙여넣는 과정이 끝나면 수정은 필요하겠지만, 약표제지부터 책이 끝나는 맺음말이나 부록까지 모든 요소가 다 들어있어야 한다.

❶ 편집용지 확인하기

원고를 붙여넣는 작업을 시작하기 전에 마지막으로 판형에 맞는 파일을 선택했는지 다시 한번 확인한다. 앞서도 편집용지, 판형에 대해 설명했지만, 책의 크기와 여백의 기준이 되는 매우 중요한 사항이다. _{한글 상단메뉴}**파일-편집용지**로 설정하거나 **F7**을 눌러서 편집용지 팝업을 띄운다. 여기서도 맞쪽으로 설정되어 있는지 확인한다. 맞쪽으로 설정되어야 안쪽여백 너비가 알맞게 설정된다. 편집용지설정에서는 맞쪽보기 설정을 해도 여백만 변할 뿐 보기 설정은 바뀌지 않는다.

❷ 맞쪽 보기 설정 / _{한글 그림메뉴} 보기 - 확대/축소

작업 창을 맞쪽보기로 설정한다. 책으로 만들었을 때 마주보는 쪽을 알 수 있다. 두쪽보기와 혼동하지 말고 꼭 맞쪽으로 설정해야 한다. 맞쪽으로 설정하면 책 완성시 마주보는 두 쪽씩 보여준다.

❸ 원고 붙여넣기

txt로 변환한 원고 문서를 열어서, 원고를 <부크크> 양식에 붙여넣는다. txt파일은 메모장으로 열어서 사용하면 된다. 복사는 Crtl + C, 붙여넣기는 Crtl + V를 이용하면 된다.

쪽 전체 복사 / 한글 상단메뉴 **쪽 - 쪽 복사하기**

쪽 전체 붙여넣기 / 한글 상단메뉴 **쪽 - 쪽 붙여넣기,** Crtl + V

쪽 전체 지우기 / 한글 상단메뉴 **쪽 - 쪽 지우기**

한글의 쪽 메뉴를 이용해서 양식을 복사하고 필요한 부분에 추가하거나 삭제하면서 페이지를 만들어 가면 된다.

❹ 페이지 나누기

❷번의 장제목이나 소제목 같이 항상 페이지의 맨 첫 줄에 위치해야 하는 요소들이 있다. 그런데 ❶번 문단을 수정하면서 엔터를 치면 ❷번 제목이 뒤로 밀린다. 이때 페이지 나누기를 사용하면 앞페이지에 영향을 받지 않는다. 앞페이지의 분량이 넘치더라도 ❷번 제목의 위치는 바뀌지 않고 새 페이지가 생긴다. 페이지를 나눌 부분에 커서를 놓고, Crtl + Enter를 동시에 누르면 된다.

❺ 특수문자 입력하기

책의 디자인은 어렵게 생각할 필요는 없고, 글을 보기 좋게 잘 정리하는 것이다. 디자인은 꼭 그림으로만 하는 것은 아니다. 한글에 있는 특수문자 입력 기능을 잘 활용하면 훨씬 보기 좋게 만들 수 있다.

특수문자 입력 / 한글 상단메뉴 **입력 - 문자표**

문자표를 잘 활용해서 보기 좋은 편집을 만들 수도 있고, 수학기호나, 필요한 간단한 그림을 입력할 수 있다.

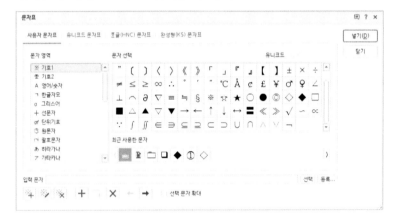

문자표를 이용해도 되고, 검색을 이용해도 된다. 필요한 글자를 복사해서 사용해도 된다. 소제목 앞이나, 동그라미 숫자 입력 등 많은 경우에 활용할 수 있다.

TODO LIST 특수문자만 잘 활용해도 편집이 달라질 수 있다. 문자표를 열어서 필요한 문자를 확인해보자.

한글에서 가장 불편한 부분이 그림을 넣는 것이다. 다양한 형식의 그림을 넣기도 어렵고, 그림을 원하는 위치에 배치하는 것도 쉽지 않다. 좋은 점은 인쇄했을 때 문제가 생길 염려가 적다. 신경써야 할 것은 해상도가 충분한지만 확인하면 된다.

한글에서 주로 사용하는 그림 파일의 형식
- JPG (*.jpg;*.jpeg): 압축된 그래픽 파일로, 다양한 그래픽 이미지에 사용
- PNG (*.png): 압축된 비트맵 이미지 파일

주로 위의 JPG파일을 사용한다. 삽입되는 그림의 크기에 따라 달라질 수 있지만, 300dpi의 해상도를 사용하는 것이 원칙이다. 요즘 핸드폰 사진도 이미지의 크기가 충분히 커서 크게 문제 되지는 않는다. PNG의 경우는 비트맵이지만 부득이한 경우에는 사용하기도 한다.

한글에서 삽입할 수 있는 모든 그림 파일의 형식
- TIFF (+.tif): 고해상도 이미지에 사용
- SVG (*.svg): 확장 가능한 벡터 그래픽 형식으로, XML 기반의 그래픽 파일
- BMP (*.bmp): 비트맵 이미지 파일로, 픽셀 단위로 구성된 것이 특징
- CDR (*.cdr): CorelDRAW에서 사용되는 파일로, 드로잉 프로그램 중 하나
- DRW (*.drw): 벡터파일로, Micrografx Designer 소프트웨어에서 생성된 파일
- DXF (*.dxf): AutoCAD 소프트웨어에서 사용되는 2D 및 3D CAD 도면 파일
- EMF (*.emf): 확장 가능한 메타파일로, 벡터 그래픽 이미지를 파일
- GIF (*.gif): 그래픽 파일로, 최대 256 색상으로 구성된 애니메이션 이미지
- PCX (+.pcx): PC Paintbrush 그래픽 파일로, 비트맵 형식
- PIC (*-pic): Macintosh 컴퓨터에서 사용되는 벡터 및 비트맵 형식
- WMF (*.wmf): Windows 메타파일로, 벡터 그래픽 이미지 파일

이미지에 대해서 설명하면 끝도 없으나. 위 형식의 이미지 파일은

한글에 삽입 가능하다. 가능하다고 모두 적합한 것은 아니다. GIF, BMP는 화면에서는 괜찮게 보여도 인쇄용으로는 적합하지 않고, 인쇄용으로는 매우 적합하지만, 특정 프로그램에서만 쓰는 파일들도 있다.

그림 삽입 옵션/

그림이 있는 폴더에서 그림을 드래그해서 끌어다 놓거나, ^{한글 상단메}뉴 **입력 - 그림** 메뉴를 사용해도 된다. 그림을 더블클릭해서 개체속성 팝업을 띄우고 설정 할 수 있다.

❶그림의 크기를 고정하고 싶거나 일정하게 할 필요가 있을 때 지정할 수 있다. 그림의 크기는 드래그해서도 조절할 수 있다.

❷그림의 위치나 배열을 정교하게 조절하고 싶으면 글자처럼 취급 체크박스를 해제 한다. 본문과의 배치에서는 나비그림을 보고 선택하면 된다. ▓ 그림만 피해서 글자가 배치되고, ▓ 그림이 있는 행에는 글씨가 오지 않는다. ▓ 그림이 글자 위에 오게 되고, ▓ 그림이 글자 뒤로 배치된다. 배경으로 쓸 때 활용하면 좋다. ❸그림을 좌측, 우측으로 정렬할 때 쓴다. 종이, 문단을 기준으로 정렬할 때 사용하면 좋다. 여백 밖에 그림을 넣으려면 ❹쪽영역 안으로 제한을 해제해야 한다.

그림 위치 조정 하기/ 그림을 자유롭게 배치하고 싶은데, 이상한데 가서 붙거나, 쪽 영역을 넘어가지 못한다면, ❸그림의 위치 값을 종이의 위, 0으로 설정한 뒤 옮겨보면 자유롭게 배치 가능하다. 그림배치가 끝난 뒤 못 움직이게 잠그려면 ❺개체보호를 체크하면 된다. 단 보호된 개체는 선택되지 않고, 개체 보호 해제는 모든 보호된 개체가 한 번에 해제된다.

배경 그림으로 가득 채우기/ 배경이 될 그림이 가득 채우고 싶으면 쪽영역 안으로 제한을 해제하고 위쪽의 가로세로 위치를 종이로 변경하고 위치를 0으로 입력한뒤 크기를 확대하면 된다.

개체속성의 그림 탭에서 '문서에 포함' 체크가 반드시 표기 되어야 이 그림 개체속성 그림 탭에서 ❶문서에 포함 체크가 되어 있는지 확인한다. 기본값이 '문서에 포함'이지만, 체크가 해제되어 있으면 반드시 체크 해줘야 한다. ❷가로 세로 같은 비율 유지를 체크 해줘야 그림의 크기를 조절해도 비례가 흐트러지지 않는다. 가로나 세로로 늘어난 그림은 완성도를 떨어트린다. ❸<한글> 내에서 그림을 간단하게 보정할 수 있다. 밝기를 조절하거나 흑백으로 바꿀 수 있다. 그래픽 프로그램이 익숙하지 않고, 간단한 밝기 조절 정도만 필요하다면, <한글> 내에서 조절이 가능하다.

그룹 만들기/ 그림 여러 개를 같은 배열로 유지하고 싶을 때는 Ctrl+G로 그룹으로 만들어 둘 수 있다. 그룹을 해제하고 싶을 때는 그림에서 마우스 오른쪽 버튼을 눌러서 '개체풀기'를 선택하면 된다. 작업할 때 그룹설정만 잘 활용해도 작업 편의성도 높아지고, 실수를 줄일 수 있다.

무료 이미지 사이트/ 책에 들어가는 그림은 사용 가능한지 확인한 뒤 사용해야 한다. AI나 이미지 사이트에서 만든 이미지도 저작권자가 사이트에 있는지, 사용자에게 있는지 확인하고 사용하는 것이 좋다. 무료로 사용이 가능한 이미지 사이트로는 픽사베이와 공공누리가 대표적이다. 공공누리는 정부에서 만든 공개 저작물 사이트다. 사진뿐 아니라 영상, 폰트등 무료로 사용 가능한 저작물이 공유되어 있다.

픽사베이 https://pixabay.com/

공공누리 https://www.kogl.or.kr/index.do

TODO LIST 지금까지 삽입한 이미지가 있거나, 이미지를 삽입할 예정이라면 저작권에 문제없이 사용 가능한지 확인하자.

한글에서는 도형이나 화살표도 그려 넣을 수 있다. 복잡한 그림 그리기는 어려울 수 있지만, '사각형' '동그라미' '화살표' 정도는 충분히 가능하다. 그림으로 가져오는 것에 비해서 인쇄했을 때 선명하고, 한글에서 크기나 색을 바꿀 수 있는 것이 장점이다. 'DAY61' 글씨 바깥의 배경상자는 모두 한글에서 도형으로 직접 그렸다. ❶그림 위에 사각형 상자를 그리고 그룹으로 묶어 놓은 것이다. 한글만 잘 활용해

도 편집이 훨씬 편해진다.

도형을 더블클릭하면 그림과 같이 개체속성을 설정할 수 있다. . 개체속성 창을 띄우지 않아도 도형을 선택하면 ^{한글 상단메뉴} **입력** ❶도형 윤곽선과 ❷도형 채우기 버튼이 나타난다. ❶도형 윤곽선은 선의 색과 두께 종류를 설정할 수 있고, ❷도형 채우기는 색을 지정할 수 있다.

도형, 그림 정렬/ 그림이나, 도형 모두 두 개 이상의 개체를 선택하면 상단에 ❸맞춤메뉴가 나온다. 그림이나 도형을 ❸맞춤을 이용하면 쉽게 정렬할 수 있다. 디자인의 핵심은 아름다움보다는 얼마나 효율적으로 잘 정렬하냐에 달렸다.

편집에서 정렬이 중요한 이유/ 한글 메뉴를 설명하는 부분에서도 고민이 많았다. 필요하면서 자주 사용하는 가장 기본적인 기능만 설명하자니, 대부분의 사람들이 이미 알고 있는 설명만 늘어놓아서, 지면만 낭비 할 것인가, 아니면 잘 알지 못하는 부분만 정리할 것인가 고민이 많았다. 처음 내가 한글을 배워가면서 책을 만들던 때를 생각하면서 가장 쉬운 수준에서 기초부터 다루려고 노력했다.

이외의 표나, 차트 같은 기능도 활용하면 좋지만, <미리캔버스> 같은 그래픽 플랫폼에서 그려오는 것이 더 편할 수도 있다. 책의 완성도는 스킬에 있는 것이 아니라, 기준을 정하고, 통일감 있게 완성하고 실수를 줄이는 것이 핵심이다.

조판부호란/ 조판은 인쇄용어에서 나온 단어다. 예전에는 활자를 조합하여 판을 만든다는 뜻이었고, 요즘에는 판에 지면을 배치한다는 뜻으로 쓰인다. 조판부호는 <한글>에서 인쇄, 책 편집을 위한 메뉴이다. 쪽번호와 차례 만들기를 위해서 조판부호를 배우지만, 조판부호를 잘 활용하면 훨씬 쉽게 내지편집을 할 수 있다. 조판부호는 ^{한글 상단메뉴}**보기 - 조판 부호** 를 체크하면 주황색 글씨로 조판부호가 나타난다.

❶ **조판부호** / ^{한글 상단메뉴}**보기 - 조판 부호**

쪽번호의 구조/ 쪽 번호는 독자가 책 내용에 바로가기 할 수 있는 네비게이션이다. 사실 쪽번호는 종이가 얼마나 들어가는지 계산해서 책의 정확한 원가를 정하는 기준이기도 하다. 따라서 쪽번호는 책의 면지를 제외한 내지만 센다. 예전에는 면지는 내지라기보다는 표지와 내지를 연결하는 접착면에 가까웠기 때문이다. 이러한 구조 때문에 책의 1페이지는 오른쪽에서 시작하고, 마주보는 페이지가 없다. 처음 펼쳐지는 페이지는 2-3페이지다. 쪽번호의 또 다른 규칙으로는 왼쪽 책제목+숫자 오른쪽에는 장제목+숫자가 온다. 사람의 시선이 잘 닿는 부분이 오른쪽이라서 자주 바뀌는 장제목을 넣는다. 따라서 책의 짝수쪽은 항상 왼쪽이고, 홀수쪽은 항상 오른쪽이다.

조판부호로 쪽번호 편집하기/

<부크크>에서 다운로드한 내지편집 서식 파일에서 머리말에 커서를 두고 ^{한글 상단메뉴} **보기 - 조판 부호**를 누르면 페이지의 가장 상단에 주황색 글씨가 나타난다. 서식 앞쪽에서 아래와 같은 주황색 글씨를 찾으면 된다.

[꼬리말(짝수 쪽)][꼬리말(홀수 쪽)]↵

↵

레옹 베르트에게 이 책을 바칩니다.↵

조판부호 [꼬리말]/

우리가 사용할 쪽번호의 양식은 꼬리말이다. 꼬리말을 설정하는 페이지에는 [꼬리말(짝수 쪽)][꼬리말(홀수 쪽)]이 세트로 붙어 있지만, 이후 페이지부터는 변경하고 싶은 쪽에만 필요한 조판부호를 복사해서 넣으면 된다. 짝수쪽에는 [꼬리말(짝수 쪽)]만, 홀수쪽에는 [꼬리말(홀수 쪽)]만 붙여넣는다.

꼬리말 글자포맷/

제목 크기: <부크크> 명조 6.5pt - 쪽번호 크기: 8pt

쪽번호 편집 따라하기/

1. ^{한글 상단메뉴} **보기 - 조판 부호**를 눌러서 조판부호를 켜준다.

2. 왼쪽 쪽번호는 책 전체의 제목으로 달라지지 않으므로 오른쪽, 홀수쪽 쪽번호만 수정하면 된다. [꼬리말(홀수 쪽)]만 복사한다. 조판부호는 타이핑 해 넣어서는 작동하지 않는다. 반드시 복사해야 한다.

3. 쪽번호의 장제목을 바꿀 페이지의 맨 앞에 커서를 두고 [꼬리말(홀수 쪽)]를 붙여넣어 준다.

4.[꼬리말(홀수 쪽)]을 붙여넣은 페이지 아래쪽의 ❶쪽번호를 더블 클릭하고, 장제목을 입력한다. ❷쪽번호 수정이 끝나면 왼쪽 상단의 연두색 머리말/꼬리말 옆에 **X** 표시를 눌러서 쪽번호 편집창을 닫는다.

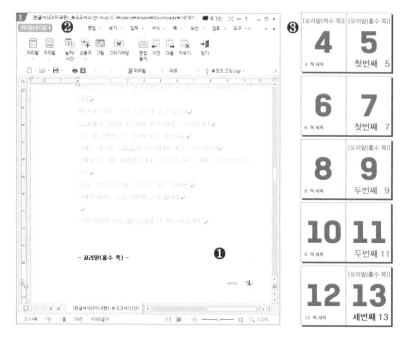

5. 장제목이 바뀌는 페이지마다 [꼬리말(홀수 쪽)]을 붙여넣고, 쪽 번호의 장제목을 편집하면 된다.

[꼬리말(홀수 쪽)] 조판부호 아래쪽부터 다음 조판 부호 [꼬리말 (홀수 쪽)]이 올 때까지 같은 쪽 번호로 정의 된다.

❸번 그림의 쪽배열을 이해해야 한다. 페이지 위쪽에 [꼬리말(홀수 쪽)]붙어있는 페이지가 있다. 9쪽에서 꼬리말 조판부호가 붙으면서 쪽 번호가 **파란색 두번째**으로 바뀐다. 다음 꼬리말 조판부호가 13쪽에 붙 으면서 쪽번호가 다시 **남색 세번째**로 바뀐다.

***정리하면, 쪽번호의 제목을 수정하고 싶은 구역마다 조판부호 [꼬리말(홀수 쪽)] 을 붙여넣어야 한다.

쪽번호 숨기기/

그림이 꽉 차 있거나, 빈페이지 같은 경우는 쪽번호를 숨겨야 하는 경우가 있다. 쪽 메뉴에서 ^{한글 그림메뉴} **쪽 - 현재 쪽만 감추기** 아이콘을 선택해서 감추기 팝업을 띄우거나 Ctrl+N+S를 눌러서 감추기를 띠 운다. 꼬리말 감추기를 선택하면 커서가 있는 페이지의 쪽번호만 감출 수 있다.

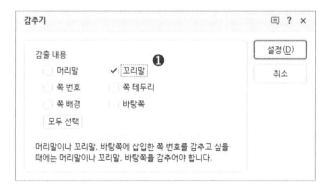

DAY 63 편집에 필요한 한글

조판부호 – 차례 만들기

자동으로 차례 만들기/

제목차례표시 / ^{한글 상단메뉴} ❶도구 - ❷차례/색인 - ❸제목차례 표시

조판부호를 켜서 자동으로 차례를 만들 수도 있다. 차례 만들기의 문제점은 쪽 수를 일일이 세기가 힘들다는 것인데, 조판부호를 입력하면 자동으로 차례를 만들어 준다.

차례에 들어가야 하는 페이지의 맨 앞에 [제목차례] 조판부호를 넣어 주면 된다. 차례를 표시하려는 곳에 커서를 놓고, ^{한글 상단메뉴} ❶도구 - ❷차례/색인 - ❸제목차례 표시를 선택하면 커서 자리에 [제목차례]조판부호가 나타난다. ❹이것을 복사해서 차례에 표시할 페이지 앞에 붙여 넣으면 된다.

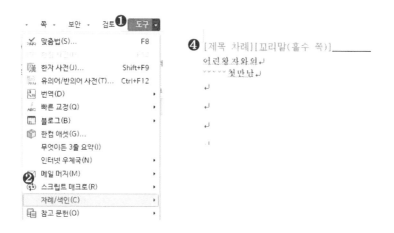

차례만들기 / ^{한글 상단메뉴} ❶도구 - ❷차례/색인 - ❸차례 만들기

위 순서 대로 차례만들기 메뉴를 선택하면 차례를 만들기 설정창이

뜬다. 먼저 ❹문자열로 넣기를 선택하고, ❺제목차례를 선택한다. ❻차례코드로 모으기가 바로 조판부호로 모으기이므로 반드시 선택한다. ❼차례를 만들 위치를 정하고, ❽만들기를 눌러준다. 탭 모양도 설정할 수 있다. 필요한 경우에만 사용하면 된다.

차례만들기 기능이 좋은 점은 페이지를 추가하거나 삭제 했을 때, 자동으로 쪽번호를 업데이트 할 수 있다는 점이다. 자동으로 바뀐 쪽번호로 수정해준다.

차례 업데이트 하기 / 한글 상단메뉴 **도구 - 차례/색인 - 차례 새로고침**을 이용하면 페이지가 밀리거나 쪽수가 바뀌어도 새로고침 할 수 있다.

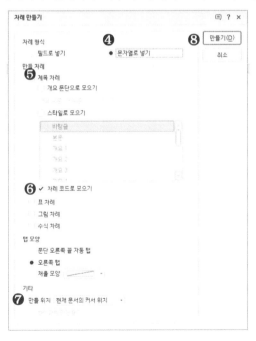

차례만들기로 완성된 차례는 위 그림처럼 정리해 둔다. 이 내용을 정리해서 차례로 사용해도 되고, 텍스트만 참고해서 차례페이지를 디자인해도 된다.

TODO LIST 1.차례만들기를 이용해서 차례를 만들자. 2.디자인 된 차례 페이지에 쪽수를 입력서 차례를 완성한다.

DAY 64 ━ 편집에 필요한 한글

pdf로 저장하기

<한글>에서 내지 편집을 하면서 책의 전체적인 페이지를 최소 2-3번은 봐야 한다. 자가출판 작가는 시간도 인원도 경험도 풍부하지 않기 때문에 완벽한 책을 만들기 어렵다. 반대로 완벽을 기하겠다면서 끝도 없이 내지 편집을 하고 있어서도 안 된다. 마감을 미루면 사소한 다른 중요한 일만 생겨도 책만들기는 후 순위로 밀린다. 책을 완성해 본 사람과 미완성한 사람의 경험은 천지 차이다. 혼자 책을 만들수록 마감을 철저히 지키는 것이 중요하다.

PDF로 저장하기/

이제 내지 편집과 교정을 완전히 마무리하고 <부크크>에 전송하기 위한 완성본으로 저장해야한다. 최종본은 PDF로 저장하면 된다. PDF로 저장하기 메뉴의 위치는 한글 버전마다 다를 수 있으나, 한글 상단메뉴 ❶파일 - ❷PDF로 저장하기를 선택해서 저장할 수 있다. ❷PDF로 저장하기 메뉴가 없으면, 한글 상단메뉴 다른이름으로 저장하기에서 PDF형식을 선택해도 된다.

먼저 ❹파일 이름을 알아보기 쉽게 지정하고, ❺도구를 누르면 PDF파일 ❻저장 설정을 할 수 있다.

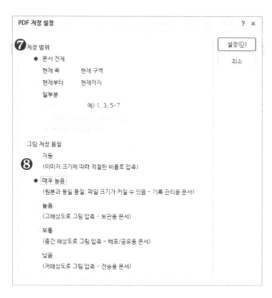

　텍스트가 많은 책은 설정 없이 저장해도 된다. 이 책처럼 그림이 많다면 저장 설정에서 품질을 조절 해주는 것이 좋다. 설정창에서 ❼ 저장범위가 문서 전체인지 확인하고, ❽매우 높음으로 설정해 준다. 이렇게 저장하면 문서의 크기가 매우 커질 수 있어서, PDF로 저장할 때 시간이 걸릴 수도 있다.

　저장할 때 <한글>의 장점이 드러난다. 다른 프로그램에서는 최종 파일이 잘 인쇄될 수 있도록 여러 가지 설정을 해줘야 하는데, <한글>에서는 간단한 설정만으로 인쇄용 파일을 저장할 수 있다. 초보자에게 최적의 프로그램이다. 인쇄용 PDF파일이 준비되었다면, 원고 준비는 끝이다.

　TODO LIST 　원고가 완성이 되지 않았더라도, pdf파일로 저장해보자, 저장하는 과정에서 오류는 없는지 확인해 본다. 가끔 완성된 한글파일이 Pdf저장이 안되는 경우도 있다

　책을 쓸 때 알아둬야 하는 것 중 하나가 인용을 표기하는 방법이
있다. 인용을 잘하면 책의 깊이와 신뢰를 더할 수 있지만, 표기하지
않으면 표절이 된다.

　인용은 내용을 인용하고, 출처를 표기하고, 참고문헌으로 책의 권말
에 정리하는 3가지 방식으로 표기할 수 있는데, 인용문과 출처표기는
필수적으로 해야 한다. 학술서, 전문서적은 참고문헌을 따로 표기하는
것을 원칙으로 하면 좋고, 그 외에는 출처표기만 해도 된다.

인용할 때 문장부호 사용법
출판물 도서, 신문, 잡지: 『 』
작품제목: 〈 〉
전시회, 연작의 작품 제목: 《 》
　이 외에도 직접인용은 큰따옴표(" "), 간접인용은 작은따옴표(' ')로
로 표시하면 된다.

　출처　표기법/　출처　표기법에는　다양한　표기법이　있다.　APA.
Chicago, MLA외에도 다양한데, 논문을 쓰는 경우가 아니면 출처표기
법의 스타일까지는 몰라도 되지만, 〈한글〉에서 인용메뉴를 사용할 경
우 스타일을 골라야 하기 때문에 소개해 둔다.

APA스타일 출처 표기법/

Book
Author, A. A., & Author, B. B. (Copyright Year). *Title of the book* (7th ed.).
Publisher. DOI or URL

Quick Reference Guide, APA Style (7th Edition.). https://apastyle.apa.org/

그림은 APA 스타일의 책 출처 표기법이다. 간단히 정리하면,
"저자.(출간년도).책제목(시리즈번호).출판사.출처 인터넷주소"
이렇게 표기하라는 뜻이다. 꼭 APA 스타일을 사용하지 않아도 된다. 그림을 가져온 이유는 출처 표기가 신뢰도를 어떻게 구축하는지 보여주기 위해서다. 출처 표기는 결정적으로 책의 신뢰도를 높인다.

출처표기는 '한글 메뉴의 인용'에서 할수도 있지만, 방법이 간단하지 않아서, 출처가 아주 많을 때만 추천한다. 대부분은 아래와 같이 표기하면 된다.

주요 출처 표기법 예시/
도서 / 저자,『제목』(출판사, 출간년도), 페이지 수
  김지혜,『90일 종이책 작가되기』(<부크크>, 2023), 148
기사 / 저자,「제목」,『매체이름』, 날짜
  김지혜,「공유제주의 미래」,『제주투데이』, 2023.07.03.
온라인 자료 / 저자이름, "제목", 접속날짜, 사이트 주소
  한국어 맞춤법, "문장부호", 2023.05,13 https://kornorms.korean.go.kr/

각주 표기법 예시/ 글에서는 각주표기 기능도 포함 되어 있다. 각주 기능을 이용하면 오른쪽 상단에 각주 번호가 표시된다.[1]

한글 메뉴에서 ❶입력-❷주석-❸각주를 선택하면 하단에 출처를 표기하거나 주석을 쓸 수 있는 공간이 생긴다.

---

1) 출처는 이곳에 입력하면 된다. 문장부호에 인용에 관한 출처 한국어 맞춤법, "문장부호", 2023.05,13 https://kornorms.korean.go.kr/

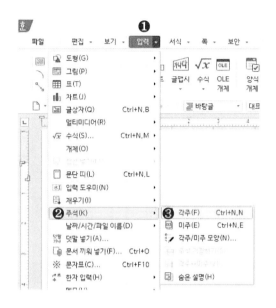

시키는 대로 책쓰기 플래너 2

90일

종이책

작가되기

표지 만들기/ 표지는 책의 얼굴이다. 책의 제목과 함께 분위기를 결정하는 중요한 요소이기도 하다. 어쩌면 원고보다 중요한 것이 표지다. 우리는 내용을 보여주고 싶지만, 훨씬 많이 노출되는 것은 표지다. 책 표지를 본 사람이 100명이라면 책을 실제 책을 읽은 사람은 한 명 정도밖에 되지 않는다. 어쩌면 자가출판 작가에게 표지는 원고보다 어려운 작업이다.

자가출판 작가, 북 크리에이터에게 책 표지는 책을 만드는 과정에서 설레는 부분의 하나이기도 하다. 이전에 작가들은 글을 쓰는 사람이었지만, 크리에이터로의 작가는 책을 만드는 모든 부분을 스스로 해결해야 한다. 유튜버도 출연자이자 편집자이면서 기획자이고 제작자이기 때문에 크리에이터로 명명하게 되었다. 북크리에이터에게 표지 만들기는 작가를 넘은 크리에이터라는 것을 증명하는 과정이다.

예전에는 초보자가 책 표지를 만든다는 것을 상상할 수 없을 정도로 어려운 과정이었지만, 이제는 간편한 그래픽 디자인 플랫폼들이 많다. 심지어 무료고, 북커버 템플릿을 제공하기도 한다. 이 책에서는 <미리캔버스>를 이용해서 종이책의 표지를 만들게 된다.

앞서 책의 구조에서 간략히 표지의 구조, 내용 필수요소에 대해서 간략히 설명했지만, 이제 실제적으로 표지를 만드는 과정을 예제와 함께 단계별로 진행한다. 표지를 만들기 전에 참고할만한 책표지를 몇 가지 준비하는 것이 좋다. 책표지의 디자인은 다양한데, 책의 종류나 전달하고 싶은 메시지에 따라서 표지를 구성하는 요소부터 달라진다.

표지는 이미지로 말하는 언어다./ 디자인에 대해서 어디서부터 어디까지 설명해야 할지 고민스럽다. 표지를 만들 때, 장르, 예상독자, 책의 내용, 스타일이나 분위기 등을 고려해서 디자인해야 한다. 디자인에 대해서 한 번에 이해하기 어렵지만, 디자인은 결국 시각으로 표현하는 언어다. 책의 내용이 바다에 관한 내용이라면, 바다를 담고, 사랑 이야기라면 사랑을 담으면 된다. 표지 디자인을 처음 하는 사람에게 유리한 레이아웃이 있다면, 심플한 구조를 만드는 것이다. 심플함은 내용을 복잡하게 만들지 않고, 약점을 숨기기에 좋다.

표지의 구조와 제본/ 종이책의 표지는 한 장의 종이로 내지를 감싸는 방식으로 만든다. 내지를 보호하기 위해서 표지는 내지보다 그램 수가 많이 나가는 종이를 사용한다. 제본방식에 따라서 표지의 두께나 구조도 달라진다. 양장, 반양장, 중철, 무선 등으로 다양한 방법이 있지만, <부크크>에서는 무선제본 방식을 사용한다. 표지는 앞표지, 뒷표지, 책등, 날개로 구성된다. 각각의 부분에 들에 들어갈 내용을 정하고 필요한 텍스트와 사진을 준비해 두어야 한다.

❶ 뒷날개 - 책의 내용, 책 광고, 형식이 정해져 있지는 않다.

❷ 뒷표지 - ISBN, 바코드, 가격, 추천사, 책내용, 카피

❸ 책 등 - 제목(부제), 작가이름, 출판사

❹ 앞표지 - 제목, 부제, 시리즈제목, 지은이, 출판사, 책설명

❺ 앞날개 - 작가소개, SNS채널

❺ 앞날개에 들어갈 내용이 정해진 것은 아니지만 작가를 소개하는 것이 일반적이다. 첫 책일 때는 사진을 넣는 것도 좋다.

❶ 뒷날개는 비워두기도 하고, 작가나 출판사의 다른 책들을 광고하기도 한다. 아니면 아이디어를 내서, 책의 컵셉을 강조할 수 있는 내용을 넣어도 된다.

❹ 앞표지의 필수 요소로는 제목, 작가, 출판사 세가지가 있어야 책 등록시 승인된다. 앞표지에는 부제나 시리즈 제목도 넣고, 책을 대표할 수 있는 문구를 넣어서 책을 설명해야 한다.

❸ 책등은 책꽂이에 책을 꽂아 두었을 때 책을 식별할 수 있는 중요한 부분이다. 제목과 작가 출판사 등 필수적으로 넣어야 한다. 책등은 분량에 따라 넓이가 달라지는 부분이다. <부크크>에서 책등 두께를

먼저 계산한 다음 표지를 만들어야 한다. 책 두께가 얇다면 꽉차게 디자인 해야 다른 책들과 함께 꽂혀 있을 때 찾기가 쉽다. 책등에서는 글씨가 너무 작아지지 않도록 해야 한다. 책등 두께가 15mm를 넘어가면, 책등에 글씨를 가득 채우지 않아도 된다.

❷ 뒷표지는 책의 바코드와 가격만 필수 요소로 들어간다. 바코드와 가격도 <부크크>에서 자동으로 삽입되서 신경쓰지 않아도 된다. 책의 분위기를 이어가고, 책의 본문에서 주요문구를 가져와도 좋다. 유명한 사람의 추천사를 싣기도 한다. 사람들이 책을 볼 때 책의 앞면과 뒷면을 가장 먼저 읽는 것을 감안해서 충분히 어필해야한다.

DAY 67 표지 사이즈와 구조

표지 만들기/ 자가출판을 혼자 하면서 가장 해결하기 어려운 부분이 표지 사이즈다. 요즘은 디자인을 쉽게 할 수 있는 플랫폼도 많아서 디자인은 오히려 문제가 안 된다. 디자인은 표지를 예쁘게 꾸미는 것이다는 아니다. 정확하게 사이즈를 계산하고, 인쇄했을 때도 의도한 대로 정확한 결과물을 만드는 것이다. <부크크>에서 책을 만들 때는 제본방식이 무선제본 한가지이기 때문에 어렵지 않게 이해할 수 있다.

책등 사이즈 알아보기/ 표지를 만들기 시작할 때 가장 먼저 해야 하는 것은 책등 사이즈를 확인해야 한다. 물론 편집이 완료된 원고의 확정된 최종 페이지 수가 있어야 책등의 사이즈를 확인 할 수 있다. 책등 사이즈는 책의 두께이기 때문이다.

책등 두께를 확인하려면 <부크크>에 https://bookk.co.kr/ 접속해서 ❶ 책만들기에 들어간다. 이어서 고양이 그림을 눌러서 종이책 만들기로 들어간다. ❷ 도서 컬러도 반드시 선택해야 한다. 컬러와 흑백인쇄에 다른 종이를 사용하기 때문에 두께가 달라진다. 가격도 당연히 흑백이 저렴하다. ❸ 다음으로는 판형도 반드시 선택해야 한다. 판형과 책의 두께는 상관없을 것 같지만, 판형에 따라 다른 종이를 사용하기 때문에 책등 두께가 달라진다. ❹ 장수에서 최종 원고의 페이지 수를 입력한다. ❺ 두께가 바로 책등 두께다.

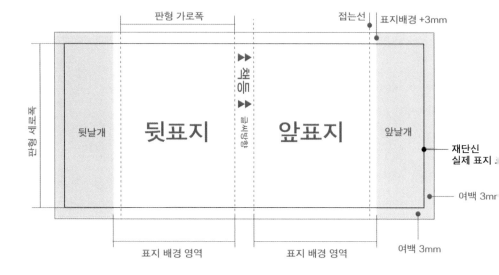

표지의 구조/ 종이책 표지의 구조는 이렇게 되어있다. 위의 순서대로 표지를 배치하면 된다. 복잡해 보이지만 재단선과 접는선의 오차를 생각해서 조금씩 넘치게 사이즈를 설정했다고 생각하면 된다.

책등 - 책등사이즈는 위에서 정한 사이즈를 적용하면 된다. 책등은 앞표지와 뒷표지 사이에 끼어있기 때문에 여백이 없다. 책등에 여백을 설정하면 표지가 밀린다.

앞,뒤표지 - 표지는 날개쪽으로 3mm 크게 설정해야 한다. 앞,뒤표지를 정사이즈로 만들면, 날개 부분이 앞표지를 침범할 가능성이 있다.

여백을 이해해야 한다./ 사방으로 여백을 3mm씩 설정하는 것이 핵심이다. 표지를 인쇄한 뒤 사이즈에 맞게 자르는데, 자를 때 오차가 있을 수 있다. 때문에 원래 사이즈 보다 크게 만들어야 한다.

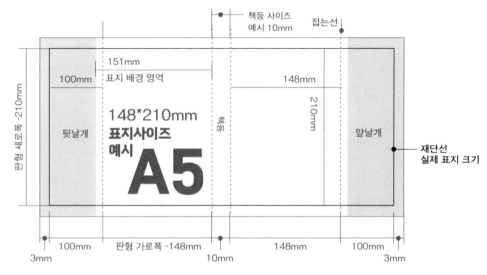

여유분3mm + 뒷날개100mm + 뒷표지148mm + 책등 + 앞표지148mm
+ 앞날개100mm + 여유분3mm

    종이책 표지 사이즈/   표지에서도 가장 중요한 것은 책의 판형이다. 가로 사이즈 계산은 복잡하지만, 세로 사이즈는 단순하다. 앞서 내지 편집 시 결정한 책의 판형 사이즈를 확인 후 표지의 사이즈를 먼저 정한 뒤 <미리캔버스>에서 표지를 만들면 된다.

판형별 표지 사이즈/
46판(127*188) : [가로 260 + 날개 200 + 책등너비]*[세로 194]
A5(148*210): [가로 302 + 날개 200 + 책등너비]*[세로 216]
B5(182*257): [가로 370 + 날개 200 + 책등너비]*[세로 263]
A4(210*297) : [가로 426 + 날개 200 + 책등너비]*[세로 303]

위는 날개와 여유분을 포함한 각 판형별 사이즈다. 그림을 참고해서 미리캔버스에서 표지 사이즈를 정하면 된다. *A4는 날개지원되지 않는 판형이다.

책등 가로*세로 ──── mm

뒷날개 가로*세로 ─── mm

뒷표지 가로*세로 ─── mm

앞표지 가로*세로 ─── mm

앞날개 가로*세로 ─── mm

표지의 내용과 구조, 표지 사이즈 계산하는 방법, 여유 분량의 의미를 이해했다. 어렵지 않은 내용이지만 지면으로 설명하다 보니 어렵게 느껴질 수도 있다. 차근차근 확인 해 보면서 익히면 앞으로 꾸준히 책을 만들 수 있다. 마지막으로 표지에서 요소를 어떻게 배치해야 인쇄했을 때 안정적인지 몇 가지만 확인하면 된다. 자가출판 작가들이 종이책을 내지 못하고 전자책만 내는 이유가 표지를 만드는 과정을 이해하지 못해서 포기하는 경우가 많다.

표지 디자인은 필요한 요소를 적절하게 넣고, 실수를 줄이면서 경험을 쌓아가는 것이 중요한다.

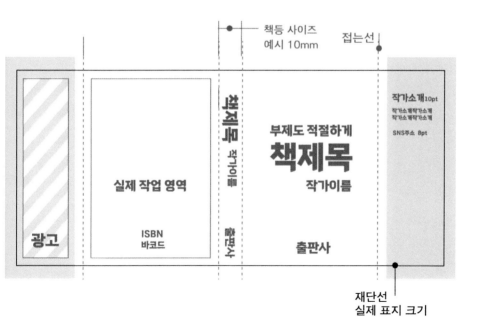

실제크기와 **작업영역**/ 우리는 이제 표지 사이즈는 알고 있다. 표지 각 부분의 크기와 실제 작업영역은 다르다. 표지를 만들면서 배경은 여유를 주어, 넘치게 만들어야 한다고 강조했는데, 실제 작업영역은 다르다. 사방에 여유를 주어서 표지에 들어가는 글씨나 그림 같은 요소가 가장자리에 딱 붙지 않게 해야한다. 외곽에 딱 붙은 요소는 잘못 잘리거나, 접힐 수도 있지만, 여백이 없으면 아마추어처럼 보인다.

뒷날개, 뒷표지에 표시한 빗금 부분을 실제 작업영역이라고 생각하고 작업해야 한다. 의도적으로 가장자리에 딱 붙이려는 요소가 아니라면 여백을 줘야 안정감이 있다.

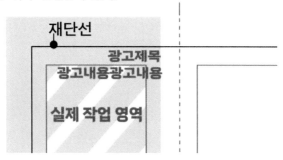

뒷날개를 확대해서 보면 광고제목은 잘리지도 않고, 접히지도 않는 영역에 배치되어 있지만, 실제로 인쇄해보면 완성도가 좋지 않게 된다. 실제 작업 영역 내에서 작업해야 안정감이 있다.

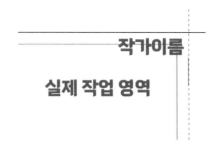

작가이름을 표지 위 오른쪽 상단에 넣을때도 작업영역 안에서 작업했는지를 확인해야 안정감 있게 디자인 된다.

그외 표지디자인 체크사항/ 날개의 글씨는 지면이 작으므로 커지지 않도록 주의하고, 7-9pt사이로 사용한다. 책표지를 디자인 할때는 실제 사이즈로 인쇄해서 수시로 확인해 보는 것이 중요하다. 뒷표지의 ISBN과 바코드는 <부크크>에서 알아서 넣어준다. 책등에서는 책제목과 작가이름과 출판사 사이에 공백이 있는 것이 중요하다. 책에서 여백을 이해하는 것은 정말 중요하다

TODO LIST 표지에 필요한 카피나 문구를 어떻게 구성할 것인지 결정하자. 다른책의 표지를 참고해서 결정한다.

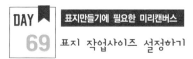

표지만들기에 필요한 미리캔버스
DAY 69 표지 작업사이즈 설정하기

<미리캔버스>는 누구나 쉽게 디자인을 할 수 있는 디자인 플랫폼이다. 인쇄용, 웹용 디자인과 영상 편집까지 할 수 있고, 쉽고 상업적사용이 간편하다는 것이 장점이다. <미리캔버스>의 일부 서비스는 무료, 일부는 유료이다. 무료로 이용해도 충분히 사용 가능하고, 유료로 사용하면 <미리캔버스>가 만들어 둔 템플릿을 이용할 수 있어서 완성도 높은 표지를 만들 수 있다. 다만 책표지 템플릿의 숫자가 많지 않아서 템플릿을 이용하면 똑같은 책표지를 마주치게 될 수 있다.

미리캔버스/

무료로 이용가능하다.

자유롭게 이미지와 폰트, 템플릿이 이용가능하다.

사이즈를 정확하게 지정할 수 있다.

사이즈나 해상도 변환이 편리하다.

https://www.miricanvas.com/

미리캔버스 회원가입/ <미리캔버스>에서 표지를 만들려면 회원가입을 해야 한다. 작업 중인 파일을 저장해 둘 수 있기 때문이다. 저장했다가 언제든 편리하게 이어서 작업할 수 있다. 저작권에서도 자유롭고 유료로 이용하면 더 많은 요소를 사용할 수 있다. 초보자에게 매우 편리한 이유는 사이즈 변환이 자유롭다는 점이다. 그래픽 프로그램을 이용하면, 컬러나 해상도를 조절하는 과정에서 실수가 생긴다. <미리캔버스>는 같은 파일을 다운로드 받을 때 인쇄용으로 지정하기만 하면 문제가 해결된다.

표지사이즈에 맞는 작업파일 만들기/

작업페이지 열기/ 1.회원가입을 마쳤다면, ❶시작화면의 바로 시작하기를 눌러서 디자인 편집 페이지를 연다.

작업파일 표지크기로 만들기/ 2.먼저 <부크크>에서 책등 사이즈를 확인하고, 여분을 포함한 전체표지의 가로*세로 크기를 입력한다.

A5판형에 책등 10mm라면,

A5(148*210): [가로 302 + 날개 200 + 책등너비 10]*[세로 216]

가로 512mm * 216mm가 표지 사이즈가 된다.

3.왼쪽 상단에서 ❷를 누르면 드롭다운 메뉴가 펼쳐진다. ❸직접 입력을 누르고, ❹표지 사이즈를 입력하면 된다. ❺주의사항은 단위가 mm로 맞는지 확인해야 한다. 마지막으로 ❻적용하기를 누르면 표지를 디자인 할 수 있는 페이지가 준비된다.

❾페이지가 그림처럼 가로로 길어졌다면, 맞게 사이즈가 변경되었다. 이 작업을 반복하지 않도록 저장해두면 편리하다. ❼에 적절한 제목을 설정해주고, ❽을 누르면 저장이 된다.

TODO LIST

이제부터는 미리캔버스에 시간을 많이 투자해야한다. 지면으로 기능을 설명하다보니 실제 작업 속도보다 느리다. 매일 일정시간 투자해서 표지를 완성해야 한다.

미리캔버스 작업환경 설정/ 미리캔버스 표지 사이즈에 각각의 페이지를 구분해서 표기 해줘야 한다. 페이지를 배열하기 전에 먼저 요소의 크기를 직접 입력할 수 있게 설정해야 한다.

미리 캔버스 화면 왼쪽 상단 ❶설정을 누르고, 메뉴중에서 ❷에디터 환경을 선택한다. 에디터 환경에 있는 모든 요소를 그림처럼 연두색이 되도록 켜준다. 특히 ❸요소 사이즈를 켜두어야 사이즈를 직접 입력할 수 있다.

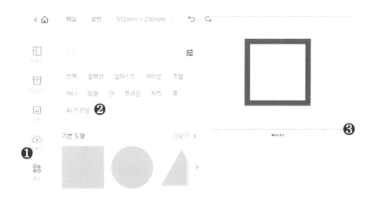

표지 페이지 상자 만들기/ 미리캔버스 왼쪽 화면에서 ❶요소를 선택하고, 다시 ❷도형을 선택한다. 아래 그림 중에서 기본 도형 테두리를 선택하면 ❸오른쪽과 같은 사각형이 나타난다. ❸사각형을 선택하면 왼쪽 창이 사각형을 설정할 수 있는 메뉴로 바뀐다.

표지요소 만들기/ 이렇게 사각형 요소를 이용해서 1.책등 2.앞표지와 뒷표지, 3.양날개를 순서대로 배지하려고 한다. 사각형을 다시 누르면 크기를 설정할 수 있는 메뉴가 나타난다.

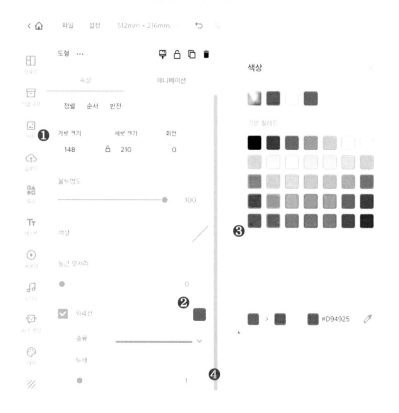

책등 상자 만들기/ 왼쪽 페이지에서 ❶책등의 가로와 세로 크기를 입력해 준다. 외곽선 메뉴의 ❷오른쪽 사각형을 눌러서 ❸빨간색으로 바꿔준다. 표지의 요소와 구분하기 쉽게 하려고 보통은 빨간색 선을 사용하는데, 눈에 잘 띄는 다른색을 사용해도 된다. ❹두께 오른쪽 입력창에서 선 두께를 1로 정하면 된다.

❺

책등 중앙에 배치하기/ 여기까지 마치면 다음 페이지에 ❺번처럼 빨간색 외곽선의 사각형이 나타난다. 이 사각형을 정중앙에 배치해야 하는데, 사각형을 마우스 왼쪽 버튼을 누른채로 이리저리 옮기다보면 ❻ 아래 그림처럼 분홍색 십자선이 나타난다. 그때 마우스를 놓으면 사각형이 정 중앙에 오게 된다.

❻

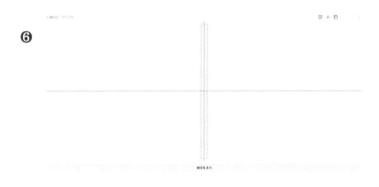

미리캔버스의 스냅가이드/ 기능을 이용한 것이다. 스냅가이드는 따로 설정하지 않아도 오브젝트나 캔버스의 중앙을 분홍색 가이드로 표현해주는 기능이다. 스냅가이드 덕분에 책등을 기준으로 표지와 날개를 옆에 붙이면 오차없이 틀어지지 않고 나란히 붙는다.

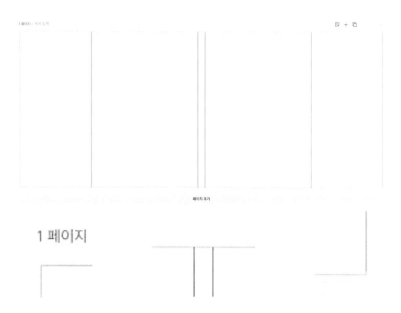

표지 양식 가이드 만들기/ 사각형 만들기를 반복해서 앞,뒷표지,날개를 배치하면 된다. 모든 페이지를 완성해서 자리를 잡았을 때 오른쪽과 같은 모습이면 된다. 사방으로 3mm의 여유공간이 균일하게 맞춰져 있는지 확인하면 된다.

완성된 표지 양식 가이드 잠그기/ 마우스를 드래그해서 전체를 선택한 뒤 마우스 오른쪽 버튼을 눌러서, ❶그룹으로 설정해두고, 다시 오른쪽 버튼을 눌러서 ❷잠금을 설정하면 준비가 끝난다.

DAY
71

표지만들기에 필요한 미리캔버스

북커버와 기능 살펴보기

북커버 템플릿/ 〈미리캔버스〉는 다양한 종류의 템플릿을 제공한다. 책표지로 사용할 수 있는 템플릿도 제공하는데, 앞표지 디자인만을 제공한다. 무료로 이용해도 괜찮은 표지 디자인을 이용할 수 있고, 유료 이용자는 훨씬 다양한 표지 디자인을 고를 수 있다. 좋은 점은 필요한 부분을 짜깁기해서 사용할 수 있고, 다양한 사이즈에 적용하기 쉽다.

미리캔버스 북커버 적용시 주의점/ 다만 우리가 만든 표지페이지로 불러오면 포맷이 망가진다. 미리 캔버스에서 제공하는 표지를 적용하고 싶다면, 1.새디자인 페이지를 만들고, 2.원하는 북커버를 적용 한 뒤에, 3.전체를 복사해서 표지 페이지에 붙여넣어서 사용해야 편리하다. 디자인 페이지를 동시에 두 개 열어놓고 사용해도 문제없고, 서로 복사하고 붙여 넣을 수도 있다.

미리캔버스 북커버 메뉴/

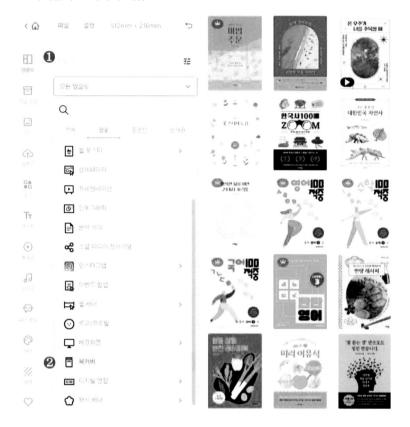

　　❶템플릿 - ❷북커버를 선택하면 다양한 북커버 템플릿을 사용할 수 있다. <미리캔버스>를 어떻게 설명해야 할지 고민이 많았다. 누군가에게는 너무 쉬울 것이고, 누군가에게는 너무 어려울 수 있기 때문이다. 기초적인 각 메뉴의 사용법을 설명하되, 기초적인 방법을 중심으로 북커버 템플릿을 수정해서 만들 수 있는 정도로만 소개 하려고 한다.

작업공간/ 미리캔버스 재접속해서 작업을 시작할 때 ❶작업공간 메뉴를 눌러서 작업하던 파일에 이어서 작업할 수 있다. ❷내 드라이브를 선택해서 작업하던 파일을 연다. ❸원하는 파일을 열고, 작업을 시작하면 된다.

내 드라이브- 저장된 파일을 여는 개념
내 디자인- 이전에 작업했던 디자인을 필요한 크기나 양식으로 불러오는 것

사진/ 업로드/ 미리캔버스에서는 ❹사진 메뉴에서 무료 사진을 쉽게 이용할 수도 있고, ❺업로드 메뉴를 이용해서, 직접 찍은 사진이나 그림을 업로드 할 수 있다. ❻업로드 버튼을 눌러서 업로드하고, ❼업로드한 파일은 언제든지 불러올 수 있고, 폴더별로 정리하면 된다.

요소/ <미리캔버스>를 이용하는 가장 큰 이유가 바로 요소이다. 디자이너들도 모든 요소를 다 그려서 사용하지 않고, 클립아트를 활용해서 화면을 디자인한다. 보통 클립아트는 유료인데, <미리캔버스>를 사용하면 무료로 이용할 수도 있고, 유료로 이용하면 클립아트를 구매하는 것보다 훨씬 저렴하게 사용할 수 있다.

이용할 수 있는 요소의 종류로는 일러스트, 아이콘, 표같은 것도 있고 최근에는 AI드로잉도 이용할 수 있다.

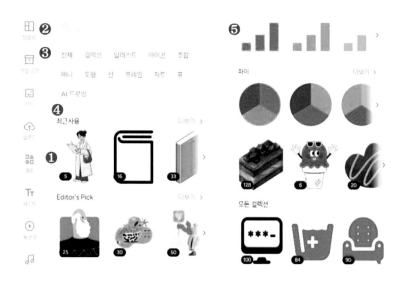

❶왼쪽 메뉴에서 요소를 선택하면 다양한 종류의 그래픽 요소를 사용할 수 있다. ❷검색어를 입력해서 필요한 요소를 사용할 수 있고, ❸메뉴를 선택해서 종류를 선택할 수도 있다. ❹에서 골라서 필요한 요소를 사용하면 된다. ❺표나 그래픽, 아이콘등 다양한 종류를 선택해서 사용 할 수 있어서 유용하다.

텍스트/ 책표지 디자인에서 가장 많이 활용하게 되는 ❶텍스트 메뉴다. 표지에는 3가지 메뉴가 있고, 스타일에는 ❷그래픽요소와 결합된 텍스트, ❸폰트에서는 제목과 본문의 조화를 이룬 예제가 많이 있다. 제목을 쓸 때 활용하면 좋다. ❹특수문자도 입력할 수 있다.

TODO LIST 텍스트 스타일을 이용해서 책의 타이틀을 만들어 보자

1.두 개의 작업파일 만들기/ <미리캔버스>로 표지를 만드는 방법 중에서, 어떻게 효과적으로 표지 만드는 법을 설명할까 고심하다가, 북커버 템플릿을 이용하는 가장 쉬운 방법을 소개하려고 한다. 북커버 템플릿을 활용하면서도 똑같지 않고, 쉽게 표지를 디자인 할 수 있다.

먼저 만들어둔 표지사이즈 페이지를 연다. ❶파일 - ❷새 디자인 만들기를 눌러서 작업페이지를 하나더 열어준다.

새로 만든 작업파일에 ❶번을 눌러서 앞표지의 사이즈가 될 ❷판형 사이즈를 입력한다. ❸적용하기를 눌러서 적용하면 된다. 그림의 예시는 A5사이즈를 기준으로 했다.

위와 같이 미리캔버스 창 2개를 동시에 열고 작업하게 된다.

2.표지 템플릿 선택하기

❹자기계발 ❺블랙, 그레이 색상이 들어간 뇌구조 일러스트를 사용한 자기계발서, ❻분홍색과
파란색의 바다 배경의 심플한 에세이

❼핑크와 베이지 스케줄러 컨셉의 자기계발서 ❽블랙과 화이트의 조화의 망원경이 매력적인 한국사 북커버 ❾파란색의 심플한 느낌의 일본 여행 가이드

2.표지 템플릿 선택하기

<미리캔버스> 왼쪽 메뉴에 템플릿 –'북커버 이름'검색한 뒤 마음에 드는 북커버 디자인을 적용하면 된다. 유료로 사용하면 훨씬 선택지가 많다. <미리캔버스>에서 사용 가능한 무료 표지 중 활용하기 좋은 것들로 골라왔다. 번호에 맞게 커버 이름이 적혀 있으니, 제목으로 검색해서 사용하면 된다.

❼북커버를 수정해서 표지로 만들어 보려고 한다. 어렵지 않게 몇 단계만 거쳐서 책표지를 완성할 수 있다. 북커버를 검색한 뒤, 앞표지 디자인을 할 페이지에 적용시킨다. *열어둔 두 개의 파일 중 앞표지만 있는 작은 사이즈 파일에 템플릿을 불러와야한다. ,

왼쪽 그림의 ❶캘린더를 선택하고 <delete>키를 눌러서 삭제한다.

3.배경 바꾸기

캘린더는 지웠다면, 분홍색 하단은 살리고, 베이지색 배경을 사진으로 바꿔주려고 한다. 비슷한 템플릿을 사용한 표지가 많기 때문에, 여러 요소를 추가해서, 개성 있는 표지를 만드는 것이 중요하다.

왼쪽 메뉴에서 .❷사진 메뉴를 클릭하고 원하는 사진을 골라 클릭하면, ❸번처럼 가운데에 사진이 삽입된다.

사진은 <미리캔버스> 사진에서 선택해도 되고, 직접 업로드 해도 된다. 한번 업로드한 사진은 다른 작업을 할 때도 불러와서 사용할 수 있다.

3.배경 바꾸기

❶사진을 클릭하면 사진 테두리에 사각형이 나타난다. ❶꼭지점에 마우스를 가져가면 사진을 확대할 수 있다. 사진을 확대할 때 <alt>를 누르면서 드래그하면 사진을 확대할 수 있다. 배경 크기로 확대한다. 사진을 알맞게 확대한 뒤 마우스 오른쪽 버튼을 눌러서 ❷맨 뒤로 보내기를 선택한다.

❸맨 뒤로 보내진 배경화면에서 다시 사진을 선택하면 왼쪽에 사진을 편집할 수 있는 창이 나타난다. ❹필터를 줘서 간단히 조절할 수도 있고, ❺직접조정을 통해서 색을 조절해도 된다.

4.글자체, 색 바꾸기

4.글자체, 색 바꾸기

❶제목 글씨를 클릭하면 왼쪽에서 글씨를 설정할 수 있는 창이 나타난다. ❷눌러서 폰트를 골라서 바꿔준다. ❸에서는 크기를 바꿀수 있고, ❹글자색을 눌러서 색도 바꿔준다. ❶마지막으로 글자를 다시 선택한 뒤 마우스 오른쪽 버튼을 눌러서 ❺그룹으로 설정해 준다. 그룹으로 설정하면, 글씨가 따로따로 나눠져 있던 것이 묶여서 선택된다. 그룹은 필요에 따라 마우스 오른쪽 버튼을 눌러서 그룹으로 만들 수도 있고, 해제 할 수도 있다.

실제로 표지를 디자인 할때는 제목 이외의 글씨와 요소들도 책 내용에 따라서 꼼꼼히 바꿔준다.

5.표지 양식에 붙여넣기

1. ❶앞표지 디자인 페이지에서 <ctrl+A>선택하면 전체 요소가 선택된다. 이때 <ctrl+C>를 눌러서 복사한다.

2. 시작할 때 열어뒀던, ❸표지사이즈를 만들어 놓은 페이지로 돌아온다. 표지양식 페이지를 복사해서 원본은 놔두고, ❸복사된 2페이지에서 작업한다. 그래야 사이즈가 틀어지지 않는다.

3. ❹<ctrl+V>를 눌러서 표지 양식에 붙여넣는다. 붙여넣으면, 맨 왼쪽에 붙는데, 앞표지 위치로 옮겨서 배치해 둔다. 왼쪽에 사진양식에 붙여넣은 표지디자인을 알맞은 사이즈로 수정해야 한다

6.표지배경 다듬기

4. 배경을 ❶위아래로 여유분 3mm씩 확장해주고, ❷표지를 접었을 때 날개쪽으로 배경이 넘치도록 3-5mm정도 확장해 준다. 하단에 ❶ 분홍색으로 띠처럼 디자인된 부분은 ❷번까지 오거나, ❸번 날개전체로 확장해도 된다. 흰색 날개가 실수할 확률이 가장 적기 때문에 분홍띠를 날개까지 확장하지는 않았다. 아래 그림처럼 만든다.

7.뒷표지 배경 삽입하기

1. ❶앞표지 등대사진을 복사해서 뒷표지 부분에도 붙여준다.
2. 띠 위쪽으로 올라온 등대 배경사진을 선택하고 ❷마우스 오른쪽 버튼을 눌러서 맨뒤로 보내준다.
3. 앞표지의 등대사진을 하나더 복사해서 ❸책등의 배경을 연장해준다. 책등은 앞표지와 같은 면이 아니기 때문에 경계가 어색해도 크게 문제되지 않지만, 자연스럽게 확장해 주는 것이 좋다.

사이즈에 맞는 배경이 완성되었다. 흰색 선은 처음에 그렸던 표지 사이즈와 여백을 설정한 선이다. 이해하기 쉽도록 흰선으로 표현했지만, 실제 작업에서는 보이지 않는 것이 정상이다. 날개 부분은 흰색으로 남겨두었는데, 초보자일수록 날개를 흰색으로 만들면 실수가 적어진다. 표지에 맞는 적절한 배경색을 만들어줘도 된다. 배경을 만들 때는 <미리캔버스> 왼쪽 메뉴에서 요소-도형- 사각형을 선택해서 색을 넣으면 된다.

TODO LIST 전에 만들어 두었던 책의 카피 문구를 확정하자. 이전에 만들었던 책의 타이틀 디자인이 있다면 적용해 보자.

앞표지와 뒷표지의 배경과 전반적인 부분이 완성되었다. 이 부분을 너무 가볍게 다루지는 않았나 고민이 많았으나, 예제를 만들면서, 메뉴 설명으로 다룰 수 없는 기능을 설명하고, 작업의 순서와 중요 포인트를 설명하려고 노력했다. <미리캔버스>가 처음이라서 미숙하다면, 일정을 좀 길게 잡고 여러 가지 기능을 익히면서 예제를 따라하면, 어렵지 않게 사용할 수 있다. <미리캔버스>가 익숙하면 작업의 과정을 가볍게 훑어보면서, 실수를 줄이면 좋겠다.

앞날개와 뒷날개에 필요한 내용을 넣고 표지 디자인을 마무리하면 된다. 앞날개는 작가소개, 뒷날개에는 보통은 광고를 넣지만, 책에서 꼭 보여주고 싶은 부분을 보여줘도 좋다. 뒷페이지에는 책의 분위기와 잘 맞는 본문이나, 추천사를 넣어도 된다. 예전에 비해서 뒷날개에 카피보다는 책의 아름다움을 살리는 경우가 많다.

1.날개, 책등 내용 추가하기

미리캔버스 왼쪽메뉴에서 ❶텍스트 - ❷본문 텍스트 추가를 눌러서 텍스트 상자를 추가해 준다. 텍스트 상자는 가운데에 생성되는데, 필요한 자리에 옮겨준다. ❸번 자리에 필요한 텍스트 상자를 자리 잡아 주고, 필요한 내용을 입력해 준다. 날개의 글자 크기는 8pt정도가 적당하다. 마지막으로 텍스트 상자를 추가해서 ❹책등에 제목과 작가를 써준다. 제목은 폰트를 앞표지와 통일시켜 준다. 책등은 15mm가 넘으면 제목을 꽉 채우지 않아도 된다. 반드시 완성된 표지는 인쇄해서 오타는 없는지, 문제는 없는지 확인해야 한다.

2.표지 체크사항

완성된 표지의 모습은 오른쪽과 같다. 표지는 아름다운 것도 중요하지만, 실수하지 않는 것도 중요하다. 표지만들기에 자신이 없다면, 꼭 필요한 요소만 넣어도 충분히 매력적인 표지를 만들 수 있다. 사진을 잘 고르거나 색을 고르는 데 신경을 쓰는 것으로 충분하다.

❶책등 글씨의 위치를 확인해야 한다. 책등의 기능은 책꽂이에서 책을 구별할 수 있게 해주는데, 제목이 아래쪽에 치우쳐있으면 기능성이 떨어진다. 당연히 조형적인 균형도 좋지 못하다. ❸번과 ❹번은 <부크크>에서 출판사 로고를 넣어주는 부분이다. 직접 로고를 넣지 말고 비워두면 된다. 책등에서 ❶,❷번 공간이 여유가 있어야 한다.

❺번은 앞표지에 넣었던 등대 사진을 반전해서 표지의 대칭을 살렸다. 충분히 시간을 가지면서 이미지의 완성도를 만드는 아이디어도 중요하다. 뒤표지에 들어가는 바코드 역시 <부크크>에서 자동으로 삽입해준다. 마지막으로 처음에 그린 빨간색 선이 남아있다면, 삭제해준다.

2.인쇄용 PDF파일 다운받기

완성된 표지를 PDF로 다운받아야 한다. <미리캔버스> 화면 상단의 다운로드를 눌러서, 인쇄용 옵션을 선택해서 다운받아야 한다. 2페이지에서 작업했다면 페이지 선택에서 필요한 페이지만 다운받으면 된다.

인쇄용 파일이라고해도 300dpi가 맞는지 확인해서 다운받으면 된다. 항상 300dpi가 맞지만 <부크크>에 업로드 전에 확인하고 또 확인해야 한다. 이 모든 사항이 확인됐다면, 다운로드를 받아서 인쇄해보면 된다. 인쇄해서 접어 보는 것도 좋다.

TODO LIST 표지는 인쇄용 Pdf로 다운받아서 반드시 인쇄해보자, A4 규격의 가정용 프린터기로 인쇄가 어렵다. 여러 조각으로 잘라서 인쇄하면 쉽게 인쇄할 수 있다.
단 줄여서 인쇄하면 의미가 없으므로 100%크기로 인쇄해야 한다.

시키는 대로 책쓰기 플래너 2

90일
종이책
작가되기

DAY **74 - 76**

DAY 74 원고투고 과정

　자가출판을 준비했더라도 출판사에 원고를 보내서, 기획출간을 시도해 볼 수 있다. 원고를 투고한다는 것은 출판사에 원고를 보내서, 출판사를 통한 출간이 가능한지를 타진해 보는 것이고, 보통은 이메일이나 웹페이지를 통해서 원고와 출간기획서를 함께 보낸다.

　보통 출판사에 원고를 투고할 때는 책 편집과 표지 디자인을 완성한 뒤에 투고하지 않는다. 심지어는 원고를 일부만 쓰고 원고를 투고하기도 한다. 원고투고에 모두가 성공하면 좋겠지만, 출판사 계약만 바라보고 책을 쓴다면, 원고에서 책이 되지 못하고 서랍 속으로 직행하는 원고가 많아진다. 실제 온라인 클래스에서도 투고를 준비하다가 끝내 책을 내지 못한 원고를 들고 오는 분이 많다.

　그래서, 내지편집과 표지를 완전히 완성한 상태에서 원고를 투고하도록 일정을 계획했다. 원고만 완성한 상태에서 투고를 하면, 기약 없는 희망으로 내지편집과 표지 만들기를 멈춰버리는 일이 허다하기 때문이다. 투고 이후에 출판사는 친절하게 거절 메일을 보내온다. 한두 번 출간거절 메일을 받다 보면, 책을 완성할 동력을 잃는다. 그러나, 완전히 완성된 원고와 표지가 있는 상태에서 투고에 실패하더라도, <부크크>에 등록만 하면 책 만들기는 끝난다.

원고투고 프로세스

1. 기획 - 원고완성 or 일부 작성 - 교정,교열 - 출간기획서작성 - 출판사 리스트 작성 - 출판사로 투고 - 답신
2. 기획 - 원고완성 - 교정,교열 - 내지편집 - 표지디자인 - 출간기획서 작성 - 출판사 리스트 작성- 출판사로 투고 - 답신

원고 완성 후 투고해야 하는 이유/ 원고를 완전히 완성하거나, 일부를 작성한 다음 샘플 원고와 출간기획서를 작성해서 출판사에 보낸다. 원고의 일부만 완성했을 경우에는 원고완성 일정도 함께 제출하는 것이 좋다. 투고를 준비할 때는 원고를 검토하는 출판사 입장에서 생각해봐야 한다. 이미 완성된 원고와 완성될 원고 중에서 더 선호할 원고는 뻔하다. 출간기획서에 원고가 아직 완성되지 않았다면, 완성된 원고보다 높은 기준이 적용될 것이 뻔하다.

교정된 원고를 보내야 유리하다/ 출판사에 보낼 샘플 원고는 어떨까? 최근 몇 년 사이 출판사에 투고하는 원고량이 급격하게 늘고 있다고 한다. 많은 원고를 짧은 시간을 투자해 선별해야 한다. 출판사에서 원고를 검토하는 일은 엑스레이 사진을 판별하는 의사와 비슷한 면이 있다. 우리는 아무리 봐도 모르는 엑스레이가 의사들에게는 의미가 있는 것처럼, 수많은 원고를 봐온 출판사에서는 원고의 몇 문장, 몇 문단만 읽어도 더 검토할 것인지, 거절할 것인지를 판단한다. 때문에 노출되는 몇 문장이나 문단에 오타가 있거나 문장의 문맥이 맞지 않다면, 힘들게 출간기획서를 보내고 투고를 한 의미가 없다. 원고를 완성하고 교정, 교열이 끝난 샘플 원고를 보내는 것이 중요한 이유다.

투고과정과 소요기간/ 투고를 할 때는 내 책과 맞는 출판사를 검색해서 출판사 리스트를 작성한다. 출판사마다 다른데, 이메일로 투고를 받는 곳도 있고, 웹페이지에 있는 폼을 작성해야 하는 곳도 있다. 크몽 같은 곳에서 출판사 리스트를 판매하기도 한다. 보통 200-400곳 사이의 출판사에 원고와 출간기획서를 보낸다.

투고 후 답신은 최소 1주일에서 1달 사이에 받을 수 있고, 생각보다 많은 출판사에서 거절하더라도 답신을 보내준다. <90일 작가되기> 온라인 강의에서 출판계약에 성공하신 분들은 2주 안에 연락을 받았다. 투고 과정 자체도 만만치 않다. 출간기획서를 작성해서 메일을 보내는 데만도 며칠이 걸리기도 하고, 답신을 기다리기까지 거의 2주 이상 소요된다고 생각하면 된다.

출간기획서

출간기획서는 원고 투고의 또 다른 벽이다. 매 단계 글을 쓰는 일이 쉽지 않음을 계속 확인하게 된다. 원고의 매력을 드러내면서, 출판사의 마음을 읽어야 하는 것이 출간기획서다. 가치 있는 원고라면 팔리지 않을 것 같더라도 출간해주는 책에 진심인 편집자가 생각보다 많지만, 기본적으로 출간기획서는 팔릴만한 책이라고 설득하는 것이 중요하다. 출간기획서에 양식이 정해져 있지는 않다. 책의 컨셉과 의도를 잘 설명하기 위한 양식으로 쓰면 된다. 읽는 사람이 내용을 쉽고 빠르게 이해할 수 있게 하는 것이 핵심이다.

출간기획서

가제	제목은 언제든지 바뀔 수 있지만, 책의 대표키워드이면서 컨셉이다. 2~3가지 책의 성격을 드러내는 제목을 쓰면 좋다.
기획의도	기획의도는 책을 쓴 의도가 아니고, 책의 내용도 아니다. 이 책의 고유성이고, 독자를 설득할 무기를 보여줘야 한다. 수많은 비슷한 내용의 책들 중에 이 책이 출간되어야 하는 타당성을 보여줘야 한다.
원고분량과 판형	가끔은 책의 분량과 모양이 컨셉을 잘 드러내기도 한다. 전문가용 두꺼운 책인지, 가볍고 예쁜 작은 책인지 설명하면 책을 이미지화 하기 좋다. ex) 7만자 정도, A5판형 100페이지 분량
타겟독자	타겟 독자를 왜 써야 하나 싶지만, 책에서 가장 중요한 부분이다. 타겟 독자층을 설득할 수 있느냐 없느냐에 책의 운명이 달린다. 20대 여성이 좋아하는 책과 40대 남성이 좋아하는 책은 디자인과 제목부터 달라진다. 타겟 독자를 쓸 때 매우 구체적으로 연령대, 성별, 관심사, 세대 배경 등을 자세하게 쓰는 것이 좋다. ex) 30대 여성이 공감할 수 있는 여행기로, 퇴사를 꿈꾸는 여성이나, 휴직 후 여행을 꿈꾸는 사람이…
유사도서	같은 장르에 유사도서를 언급하면, 출간기획서를 보는 사람이 책의 의도와 내용을 이해하기 쉽다. 여행기라고 장르만 쓰는 것보다 책의 내용을 쉽게 이해할 수 있다. ex) 자신만만 여행 가이드북
차별성	다른 내용과 겹친다면 적지 않아도 좋지만, 비슷한 도서들과의 차별성을 소개하고 설득할 수 있다면, 책의 필요를 설명할 수 있다. 독자 입장에서 필요한 책이라는 내용을 부각시킨다.

장르 원고내용	원고의 일부 내용과 목차는 함께 첨부하는 경우가 대부분이다. 때문에 샘플에 첨부하지 않은 내용이나, 결말, 전체적인 흐름들을 적으면 좋다.
디자인 컨셉	타겟 독자, 장르, 분량과 통일성 있는 디자인 컨셉을 적어도 좋고, 특별히 생각나는 내용이 없으면, 이 항목은 적지 않아도 된다.
출간시기	완성된 원고인지, 완성된 원고가 아니라면 출간 일정계획을 적어준다. 책이 특정 일정과 관계된 책이라면 일정과 이유를 적어준다. ex) 시키는 대로 책쓰기는 연초 계획 수립 때 잘 팔릴 수 있는 책으로 신년을 기점으로 출간하면 좋을 것 같습니다.
홍보 방향	홍보 방향은 매우 다양한데, 전문가 집단이나, 커뮤니티를 통한 홍보, 강의나, 방송 출연이 가능하다면 모든 가능한 방법을 설명하면 좋다. 출판사도 기본적으로 보도자료도 내주기는 하지만, 적극적으로 책을 판매하는 작가를 좋아하는 것은 당연하다. 인플루언서 관련 책이 많이 나오고 있는 시기이므로, 팔로워가 많은 사람이라면 반드시 홍보전략으로 소개해야 한다.
작가소개	출판사는 책 판매가 어렵기 때문에 영향력 있는 작가를 좋아하고, 신뢰도 높은 작가를 좋아한다. 때문에 학력과 경력, 책 판매에 도움이 될만한 경력이 있다면 기입해야 한다.
연락처	본명이나, 필명, 이메일 주소와 연락이 가능한 전화번호를 적어야 한다. 원고가 마음에 든다면 지체없이 전화를 주는 출판사도 많다. ex) 김지혜, 010-0101-0101 ..

출간기획서까지 작성을 완료했다면 이제부터는 출판사에 원고를 보내는 투고 작업을 해야 한다. 준비물로는 출간기획서, 샘플원고, 표지 파일 정도 보내면 된다. 될 수 있으면 한 번에 열어 볼 수 있도록 편리하게 구성하고, 파일명도, 이름과 가제를 분명히 적어서 기본적인 사항을 잘 지켜서 준비한다.

국내도서 전체 ›

소설	종교	가정/육아	기술/공학
시/에세이	예술/대중문화	요리	외국어
인문	중/고등참고서	건강	과학

알맞은 출판사에 투고하기/ 출판사 리스트는 온라인 서점에 방문해서 원고와 같은 장르의 책들을 보고, 출판사 리스트를 작성한다. 장르를 막론하고 모든 출판사로 원고를 보내는 일은 작가나, 출판사 모두에게 도움이 되지 않는 일이다. 담당자의 복지를 위해서라도, 나의 귀중한 시간을 위해서라도 장르에 맞는 출판사로 투고하는게 좋다.

민음사 https://minumsa.com/community/submission/
시공사 출판투고 플랫폼, 위펍 https://wepub.kr/

대형 출판사들은 장르별로 따로 원고투고를 받거나, 플랫폼 형태로 만들기도 한다. 시공사는 <위펍>이라는 투고 플랫폼을 만들어서 새로운 형태의 출판시장에 대비하려는 것으로 보인다. 위즈덤 하우스는 원고투고를 위한 전용 폼을 제공해서 폼에 맞춰서 업로드 해야한다. 출판사마다 포맷이 다르다보니 원고를 보내는 일도 상당한 시간이 걸린다. 다행히 많은 중소 출판사의 경우는 이메일로 원고를 받고 있어서 투고에 걸리는 시간을 줄일 수 있다.

위즈덤하우스 원고투고 페이지 hhttps://www.wisdomhouse.co.kr/support/manuscript

투고 메일 작성시 지켜야 할 것/ 메일로 원고를 투고할 때 메일의 첨부파일을 열어보게 하는 핵심이다. 메일을 보낼 때도 지켜야 할 예의가 있다. 기본적인 것만 지켜도 원고를 검토하는 사람의 호의를 살 수 있다. 참조 기능을 이용해서 여러 명에게 한 번에 메일을 보낼 때는 숨은 참조를 이용하도록 하고, 메일 제목에 원고투고라고 쓰는 것도 잊으면 안 된다.

TODO LIST 투고는 성공하지 않아도 자신의 책을 객관적으로 돌아볼 수 있는 계기가 됩니다. 좋은 소식 있으시길 응원합니다.

시키는 대로 책쓰기 플래너 2

90일
종이책
작가되기

DAY **77 - 87**

DAY 77 책 등록전 준비물

등록 전 인쇄 해보기/ 이제, 책표지, 편집이 완료된 원고가 모두 준비되었다. 〈부크크〉에서 단계를 밟아가면서 등록하는 과정만 남았다. 원고를 쓰는 과정, 퇴고, 편집, 디자인 어느 과정하나 쉽지 않았다. 등록하는 과정에서 그동안 공들어서 쓴 책을 잘 표현하는 짧은 문구와 혹시 있을지 모르는 실수만 잘 찾아내면 된다.

〈부크크〉에 등록하기 전에 마지막으로 해야할 일은 pdf로 저장한 파일을 인쇄해봐야 한다. 책을 인쇄하라고 하면, 책 전체를 인쇄해야 하냐며 반문하시는 분들이 많다. 샘플 북 한 부를 인쇄해보지 않으면, 실수가 100부가 될 수도 있다. 출판사는 책 한 권을 최소한 3~4차례는 인쇄하면서 고친다. 전문가들이 그렇게 하는 데는 다 이유가 있고, 자가출판 작가가 전문가들만큼 좋은 책을 내려면, 충분히 더 노력하는 수 밖에 없다.

〈부크크〉 등록에 필요한 준비물/ 준비해야 할 것은 〈부크크〉 회원가입과 인증을 마쳤어야하고, 표지파일, 원고파일이 당연히 필요하다. 추가로 미리작성해 두어야 할 문구가 있다. 책 설명, 차례 텍스트, 작가소개 3가지 문구를 써야 한다. 3가지 문구가 서점에서 내 책을 설명하는 판매 상세페이지의 역할을 한다. 공들여 쓴 책의 내용을 잘 설명하는 문구로 준비하면 된다. 책을 등록하는 단계는 총 5단계로 **도서형태 - 원고등록 - 표지디자인 - 가격정책 -최종확인**으로 이뤄진다.

〈부크크〉에 책 등록하기

도서 형태 선택하기

　　〈부크크〉에 접속해서 로그인하고, 왼쪽상단의 책만들기를 누르고, 종이책 만들기를 눌러서 책 만들기를 시작하면 된다. 드디어 오랫동안 준비해 온 책 등록이 시작되었다.

〈부크크〉 https://bookk.co.kr/

A**A**	≡	✎	🏷	✓ abc
도서형태	원고등록	표지디자인	가격정책	최종확인

도서 컬러를 선택해주세요! ❶

흑백
(표지-컬러, 내지-흑백)

컬러
(표지-컬러, 내지-컬러)

책 규격을 선택해주세요! ❷

46판	A5	B5	A4
46판	**A5**	**B5**	**A4**
127 * 188 mm	148 * 210 mm	182 * 257 mm	210 * 297 mm
일반도서 · 시, 에세이	일반도서 · 소설, 에세이	문제집, 잡지	문제집, 잡지

표지 재질을 선택해주세요! ❸

○ ◐

아르떼(감성적인)   **스노우(대중적인)**   **스노우(광택있는)**
아르떼 210g, 무광코팅 스노우 250g, 무광코팅 스노우 250g, 유광코팅

책 날개를 선택해주세요! ❹

날개 있음   **날개 없음**

> 무료표지는 책날개를 지원하지 않습니다.
> 하드커버 제작 희망 시(최소 발주 500부 이상) 고객센터로 문의 바랍니다.
> A4사이즈에서는 날개를 사용할 수 없습니다.

제본	**무선 제본** ❺
색상	**표지** 컬러 **내지** 흑백
규격	**46판** 127 * 188 mm
표지	**아르떼(감성적인)**
	아르떼 210g, 무광코팅 ❻
내지	**이라이트 80g**
장수 면수	**100** P ❼
날개	**없음**
두께	**7.8** mm ❽
면지	⚪ 백회색 앞뒤 1장

예상판매가격	**7,400** 원 ❾
🌱 예상수익 100부 판매시	**111,000** 원
저자 본인가	**4,810** 원
소장용가격	**7,400** 원

🚚 종이샘플 요청

☁ 원고서식 받기

⊘ **임시서재**

Step2 원고등록 ⊙

도서형태 선택하기/ 이미 책등 두께를 구할 때 방문해서, 익숙해진 도서 형태를 정하는 페이지다. 이 페이지에서 원고양식을 다운받고, 종이 샘플 신청도 했다. 이제 책의 물질적인 특성을 정해주면 된다.

1. 먼저 ❶내지를 흑백으로 할지 컬러로 할지 정하면 된다. 내지 안에 색이 한 개만 들어가도 컬러로 골라야 한다. ❻흑백을 선택할 경우 내지가 미색 모조지 100g, 컬러를 선택하면 백색 모조지 100g을 사용한다. 내지의 종류는 고를 수 없다. 미색 모조지는 텍스트가 많은 책을 읽을 때 편안하고, 백색 모조지는 컬러 재현율이 높다.

2. ❷규격은 미리 정한 규격으로 선택하면 된다. 사이즈가 큰 B5나 A4의 경우는 분량이 많으면 책값이 비싸지니 미리 가격을 확인해야 한다.

3. ❸표지 재질은 210g 아르떼 종이도 흔히 사용되는 표지용 종이다. 보통은 표지에는 후가공을 많이 하기 때문에 달라 보이지만, 250g 스노우지를 선택하면 후가공이 없어도 괜찮은 표지가 된다.

4. ❹A4규격을 빼고는 판매용 도서는 모두 날개있음을 선택해야 한다. ❺❻제본방식은 무선제본 한가지 방식이지만, 규격과 표지가 잘 적용되었나 확인하고 내지도 확인한 뒤, ❼총 페이지 수를 입력해 준다. ❽책등 두께도 일치하는지 확인하고, ❾판매가격도 확인한다.

5. 원고등록을 눌러 다음으로 넘어가면 된다.

부제는 검색되지 않는다./ 원고등록으로 넘어오면 제목과 부제를 입력하는 것으로 시작 된다. 제목과 부제가 어떻게 작용하는지 알아야 알맞게 입력할 수 있다. ❶은 부제가 없고, ❷는 「진주가 맛있나」논쟁이다. 부제는 대체로 검색이 잘 안된다. 부제가 키워드로 작동하게 하고 싶다면, 『메타버스는 커뮤니티다─ 90일 작가프로젝트』처럼 부제도 모두 제목 줄에 넣어야 제목으로도, 부제로도 검색이 된다.

종이도서

메타버스는 커뮤니티다 -
90일 작가 프로젝트

부제 미기재

종이도서

프로 한달 여행러의 :진주
살아보기

「진주가 맛있나」 논쟁

원고 등록하기/

1. 표제란에 제목과 부제를 입력한다.

2. 제목과 부제에 대해서 설명한 것처럼 ❷부제는 비워도 되지만, 검색되고 싶은 부제의 경우는 표제에 ❶긴 제목으로 입력한다.

3. ❸카테고리 선정도 중요한데, 책의 내용이 좋아도 엉뚱한 카테고리에 있으면, 관심 없는 사람들에게만 책을 보여주는 것과 같다. 6개의 카테고리 중에서 선택하면 된다.

AA
도서형태

≡
원고등록

✑
표지디자인

🏷
가격정책

abc ✓
최종확인

* 표제 (필수, 최대 35자) ❶

특수문자를 가급적 사용하지 않도록 유의해주세요.

부제 (최대 15자) ❷

요약한 제목명 시리즈명 등을 기재합니다. 없을 경우 작성하지 않으시면 됩니다.

* 대표 카테고리 (필수) ❸

> 선택   ⌄

카테고리와 적합하지 않으면 보류 될 수 있습니다.

* 성인도서여부 (필수) ❹

> 전연령   ⌄

* 저자 (필수, 최대 35자) ❺

> 저자명

공동저자일 경우 쉼표를 구분자로 넣습니다. 예, 김철수, 소이현 외 3명

* 페이지수 (필수) ❻

> 300

페이지수는 최소 50페이지 이상입니다. 최대 페이지수는 978페이지입니다.
페이지수가 변화되면 책두께, 내지재질, 기본정가(인쇄비 및 인세 등)이 변화 됩니다

* 도서 제작 목적 (필수) ❼

> ISBN 출판 판매용   ⌄

ISBN 출판 판매용
부크크 외에 다른 유통망(예: 국립도서관 등)에서도 판매가 가능합니다. ISBN을 보유시, 직접 기재도 가능합니다. 또한 무료표지를 사용하는 경우 10부 이상 판매가 되어야 외부유통에 입점이 가능합니다.

* ISBN 입력 (필수) ❽

> 부크크에서 무료등록   ⌄

<부크크> 카테고리

시·에세이 /시집/에세이/기타도서

소설 /일반/로맨스/판타지/BL/무협/추리·스릴러·미스터리/기타/SF소설

전기·회고록 /자서전/기타

경영·경제·자기계발 /경영/경제/자서전/기타

인문사회 /인문/정치·사회/역사/종교/예술·문화·

기타 /SF장르/기타/과학·IT/어린이·청소년/진학진로/여행/가정생활/교재·참고서

4. ❹성인물 여부를 선택하고, ❺저자 이름을 적으면 된다. 이미 앞에서 설명했듯이, 본명(필명)의 양식으로 통일해서 적는 것을 추천한다.

5. ❻페이지 수는 앞페이지에서 입력한 값이 맞는지 확인하면 된다.

6. 판매용 ISBN을 발급 받으려면 ❼ISBN출판 판매용을 선택하고, ❽ <부크크> 무료등록으로 고른다.

필수 안내사항

원고 파일은 **100MB**까지 업로드가 가능합니다.
가급적 Wifi 환경에서 업로드하여주시기 바랍니다.
파일이 큰 경우에는 빈파일을 ❾로드 받고
업로드 후 info@bookk.co.kr로 원고를 보내주세요.
파일형식은 한글, MS워드, PDF 형식의 4가지 확장자만 가능합니다.
(doc, docx, hwp, pdf)
업로드한 파일이 부크크 이용 약관을 준수하는지 반드시 링크에서 확인하세요.

❿ **원고 업로드**

업로드 파일 없음 (0 Kb)

0 Kb

◁	Step1 책형태	Step3 표지등록	▷

원고 업로드/ 원고를 업로드할 차례다. doc, docx, hwp, pdf형식으로 업로드 가능하다. 가끔 pdf변환에서 문제가 생길 때가 있는데 이때는 부득이하게 hwp 파일로 올려도 된다. 이 경우 폰트 문제가 생기기 쉬워서 pdf로 변환해서 올리는 것이 안전하다.

원고는 100MB까지만 업로드 된다. 사진이 많은 책은 100MB를 넘기 쉽다. 빈파일은 ❾빈파일 글자를 클릭하면 다운로드 할 수 있다. 이 파일을 다시 업로드하고 이메일로 원고 파일을 보내면 된다.

    <부크크> 이메일 info@bookk.co.kr

〈부크크〉에 책 등록하기

표지 등록하기

    <부크크>에 책을 등록하는 과정은 몇 시간이면 마무리할 수 있다. 며칠 동안 공들여 설명하는 이유는 사소한 실수를 줄이기 위해서다. 이름과 필명이라던지, 제목과 부제처럼 큰 문제는 없지만, 지나고 나면 바꾸기 어려운 것들을 정확하게 입력하기 위해서다. 표지도 많은 페이지를 할애해서 설명했지만, 몇 가지 짚고 넘어가야 할 것들이 아직도 남아 있다.

    표지 등록하기/ 표지 디자인으로 넘어가서 미리 만들어 둔 표지 파일을 업로드할 수 있다. 직접 올리기를 이용해서 표지를 등록할 수 있는데, ❹100MB까지 업로드 가능하고, pdf, jpg파일 모두 업로드 가능하지만, pdf가 벡터 파일이기 때문에 인쇄 결과가 좋은 경우가 많다.

1. ❺배경색과 잘 어울리는 로고 색을 선택해주면 된다.

2. ❷pdf는 미리보기가 되지 않아도 걱정하지 않아도 된다. 표지 디자인에 사이즈가 맞지 않거나 해상도에 문제가 있으면 <부크크>에서 피드백을 준다.

❶

도서형태　　원고등록　　표지디자인　　가격정책　　최종확인

❷

❸

| 무료
표지 | 직접
올리기 | 구매한
템플릿 |

❹

표지 주의사항

표지 파일은 **100MB**까지 업로드가 가능합니다.
첨부 가능한 파일형식은 JPG, PDF 2가지로
jpg, 해상도(300dpi) 기준입니다.
PDF 미리보기 파일은 제공되지 않습니다.

❺

업로드

업로드 파일 없음

0 Kb

❻

로고선택

BOOKK✎　　　　　BOOKK✎

BOOKK✎　　　　**BOOKK✎**

판형정보

❼

규격	**305.96 * 210mm**
	(페이지*2)+책등
두께	**9.96 mm**
	접힘선 포함

❽

예시	**일러스트 다운로드**
색상	**컬러**
날개	**없음**
장수	**152** Page

| ◁ Step2 원고등록 | Step4 가격정책 ▷ |

3. 로고나 ❸바코드는 <부크크>에서 겹치지 않도록 자연스러운 위치에 넣어준다.

4. ❼<부크크>는 표지 만들기 어려운 작가들을 위해서 표지규격을 알려주고, 사이즈에 맞는 파일을 다운받을 수 있도록 제공한다. 표지 규격에는 여분 3mm가 포함되지 않았으므로 꼭 여유분을 포함해야 한다.

❽표지 일러스트 다운로드는 svg형식의 파일이라서 일러스트레이터에서 불러와서 작업해야 한다. 다운받은 파일은 이러한 모습이다.

위의 파일을 <일러스트레이터>에서 불러와서 이미 작업한 표지와

사이즈를 맞춰보면 딱 맞는다. 표지를 <일러스트레이터>로 작업할 경우에는 유용하지만, svg파일은 <미리캔버스>에 업로드 할 수 없는 파일이라서 <미리캔버스>에서 작업하려면, 직접 사이즈를 계산하거나 사이즈만을 ❼을 참고해서 표지를 만들어도 된다.

<일러스트레이터>로 작업할 경우에는 배경 레이어로 잠그고 작업하면 된다.

날개 없는 무료 표지를 이용하려면 ❶무료 표지 탭을 이용해도 되고, <부크크> 작가서비스를 이용해서 구매한 표지는 ❷구매한 템플릿을 이용해서 적용하면 된다.

가격 정책/ 원고와 표지 디자인까지 업로드하고 나면 책의 가격을 정해야 한다. 〈부크크〉에서는 가격을 정하는 것도 어렵지 않다.

❶판형과 페이지 수에 따라서 기준 가격을 제시해준다. 종이책은 원가가 어느 정도 정해져 있기 때문이다. 서점에 있는 책들보다 약간 비싼감이 없지 않지만, 자가출판 작가들이 초판 인쇄에 몇 백만원의 비용을 들이지 않아도 된다는 점을 생각하면 저렴하다.

도서 가격과 수익/ 앞서 도서정가제를 설명했듯이 한번 정한 가격은 12개월 동안 올리거나 내릴 수 없다. ❷최소가격 이상으로 설정해야 한다. 온라인 서점들의 무료배송 가격이 15,000원 이상인 것을 감안하여 적절한 가격으로 정하는 것도 독자가 책을 저렴하게 구매할 수 있는 방법이다. ❹온라인 서점에 유통하고 싶으면 체크되어 있는지 확인해야 한다. ❸,❺는 〈부크크〉에서 판매될 때와 외부서점에서 판매될 때의 수익이다.

도서형태　　　　원고등록　　　　표지디자인　　　　가격정책　　　　최종확인

정가설정

15000　　원권　❶

❷
" 최소가격 **12,600원**입니다.
" 최대 기본정가의 **3배**까지 설정할 수 있습니다.
" 소비자가격은 최소 가격보다 높아야합니다.
" 100원대 단위로 설정해야합니다.

정가인하

○ **네,** 작가 수익을 낮추고 소비자가격을 인하 하겠습니다.

◉ **아니요,** 소비자가격을 인하하지 않겠습니다.

외부서점 입점

❹

◉ **네,** 외부 온라인 서점(교보문고, YES24, 알라딘 등) 입점 원합니다.

○ **아니요,** 부크크에서만 판매하며, 다른 서점은 원치 않습니다.

" 부크크는 필수로 입점되는 서점입니다.
" 무료 및 직접 올린 표지의 경우 유통사협약에 따라 입점 제약이 있을 수 있습니다.
" 무료 표지템플릿을 이용하는 경우 **10권이상 판매**가 되었을때 외부유통 신청이 가능합니다.

최종 정가	**15,000**원

❸

Ⓑ	**부크크 서점 입점**
기본정가	12,600 원
인쇄비	8,820 원
부크크수수료	2,250 원
작업비 (추가가격/변경비 등)	1,680 원
정가인하	0 원
내수익	2,250 원

❺

	외부 서점 입점
기본정가	12,600 원
인쇄비	8,820 원
부크크수수료	2,250 원
외부서점수수료	2,520 원
작업비 (추가가격/변경비 등)	0 원
정가인하	0 원
내수익	1,500 원

ⓒ Step3 표지디자인　　　　　Step5 최종확인 ⓘ

서점정보 입력하기/ 책을 등록하기 전에 준비물로, 책 소개, 도서소개, 목차, 저자소개 문구를 준비해야 한다고 했는데, 이 페이지에서 등록하면 된다. 이 문구들은 온라인 서점에서 상품 상세페이지의 기능을 한다. 나중에 수정이 가능하지만, 일단 서점에 등록되면 적용되는데 시간이 걸린다.

서점정보는 상품 상세페이지/ 책 소개 문구는 검색을 위한 키워드는 아니다. 독자는 책의 내용을 거의 볼 수 없기 때문에 독자에게 필요한 책인지를 알려주는 상품페이지라고 볼 수 있다. 책에서 내용과 차별점을 간략하게 설명하고, 독자가 얻는 실질적, 감성적 이익을 보여주면서, 책을 선택할 수 있는 기준을 제시해야 한다.

❶도서소개에서 책의 장점과 차별성, 기획 의도를 담고, 책 안에 좋은 문구도 소개해야 한다. 내용이 길어지면, 인터넷 서점에 따라 더보기로 가려지는 경우가 있으므로 앞쪽에 핵심 내용을 담으면 좋다.

❷목차와 ❸저자소개는 책의 내용을 정확하게 가져오되, 보기 좋게 정리하면 된다.

주의사항으로는 여기서 작성한 문구가 개별 온라인 서점에 적용되기 때문에 특수문자나 서식있는 글자를 입력하면 오류가 있을 수 있다. 판매가 시작되면 서점에서 문제없이 적용되는지 확인해야 한다.

특수문자에 대한 〈부크크〉 안내메세지
이모지, 특수문자 사용을 권하지 않습니다. EUCKR 또는 UTF8에 지원되지 않는 규격의 특수문자는 노출되지 않거나 문장이 올바르게 표현되지 않는 경우가 있습니다.

최종 확인/ 책 등록을 위한 마지막 페이지다. ❹ISBN이 신청이 되었는지, ❺외부서점 유통을 선택했는지, 가격이나 판형 등이 맞게 적용되었는지 마지막으로 확인한다. ❻도서제출 버튼만 누르면 도서가 제출되고 승인대기 상태가 된다. 그동안 원고를 쓰는 것에서부터 시작해서, 90일간을 꾸준히 달려왔다. ❻도서제출 버튼을 누른다.

등록과정 임시저장/

임시서재/ 한 번에 쉽게 등록을 마치면 좋지만, 갑자기 오류가 생기기도 하고, 업로드 직전에 수정할 부분을 찾기도 한다. 그때는 처음부터 다시 등록할 필요가 없다. ❼책만들기-임시서재를 누르면 ❽작업 중인 책을 볼 수 있다. ❾작업진행 상황도 표기되어있어서 어디서부터 다시 시작해야 하는지 보여준다. 등록 중간에 문제가 생겼다고 걱정할 필요가 없다.

TODO LIST

힘들게 마지막까지 오신 것을 축하드립니다. 완성을 충분히 즐기시면 좋겠습니다. 그러나, 아직 할 일이 남았습니다. 힘들게 고생해서 만든 책을 대충 등록하지 않으면 좋겠습니다.

고생하셨습니다.

DAY
83 도서 반려

　　〈부크크〉 도서반려/ 도서제출 버튼을 누르고 나서 한 번에 승인되면 좋겠지만, 첫 책은 한 번에 승인되기를 기대하지 않는 것이 좋다. 책은 분량도 많고, 확인할 것도 많아서 처음부터 완벽하게 해낼 수 없다. 도서제출을 누르고 2~3일 내에 〈부크크〉에서 승인이나 반려 메일을 보내준다. 이메일을 자주 확인해야 책을 빨리 출간할 수 있다.

　　반려된 도서는 먼저 ❶심사,신청-❷다시제출을 눌러서 수정한다. ❸임시서재-❹반려사유를 눌러서 반려사유를 확인한다.

파일을 다시한번 수정한뒤 ❺수정 버튼을 눌러 최종 제출한다.

이미지출처 <부크크> 자주묻는 질문https://bookk.co.kr/community/faq

<부크크>에서 제시한 원고가 반려되는 경우

제작상에 문제가 있는 경우
아무런 내용이 없는 페이지가 여러 번 반복되는 경우, 페이지 숫자가 책의 가운데로
몰리는 경우(홀수 페이지 번호가 좌측, 짝수 페이지 번호가 우측에 가는 경우) 등

저작권상에 문제가 있는 경우
저작권 상의 문제가 명백한 경우에는 반려 처리를 하게 됩니다. 저작권상에 문제가 있
는 도서를 발행하는 경우에는 이로 인한 피해가 발생할 수 있습니다. 다른 책의 내용
을 그대로 발췌하거나 시를 그대로 따오는 경우, 또는 캐릭터나 특정 영상의 이미지를
삽입하는 경우에 저작권 상에 문제가 있는 것으로 판단하여 반려가 되기도 합니다.

도서가 아닌 경우
노트나 다이어리 형식의 문서는 반려 처리가 됩니다. <부크크>는 출판사이기에 국제
도서표준코드(ISBN)을 발행하는 품목에 대해서 출판을 해드리는 역할을 하게 됩니다.
그러나 노트나 다이어리의 경우는 유통표준코드(GTIN)을 발행해야 하는 품목입니다.
이러한 경우에 반려 처리가 됩니다.

<부크크> 자주묻는 질문 https://bookk.co.kr/community/faq

주요 반려 사유/

판권지 오류   ISBN 오류 - 0000이나, 샘플 넘버를 기재하면 안된다. 비워둬야한다.

발행일 오류 - 발행일을 과거로 설정하거나 안쓰는 경우가 종종 있다.

가격 오류 - 등록한 가격과 다르게 기재하면 안된다.

판권지 없음 - 판권지는 반드시 써야 한다.

서체 오류   상업용 서체를 사용했거나, 서체가 잘 안보이는 경우

표지 오류   표지의 이미지, 사이즈, 글씨의 문제를 확인해 준다.

이미지 해상도   이미지의 해상도가 낮은 경우

이미지가 잘리는 위치에 있거나 배치가 문제 있는 경우

배경이미지 사이즈가 충분하지 않아서 여백이 보이는 경우

<부크크>는 초보작가를 잘 이해해주는 플랫폼이다. 누구나 이해하기 쉽도록 자세하게 반려 사유를 안내한다. 도서가 반려되었더라도, 차분하게 수정할 사항들을 수정해나가면 된다.

책 등록 과정에서 여러 번 반려 될 수 있습니다. 나만 반려되는 것은 절대 아닙니다. 반려만 넘으면 승인이 됩니다. 마지막까지 최선을 다하시면 좋겠습니다.

DAY 84 〈부크크〉에 책 등록하기
도서 승인

최종 승인/ 도서제출 후 반려되었거나, 한 번에 승인이 되었거나 애타게 기다려온 순간이다. 도서가 승인되면 역시 메일로 알려준다. 승인이 되었다고 모든 것이 끝난 것은 아니다. 혹시 있을지도 모르는 마지막 실수를 바로 잡을 수 있는 기회이면서, 최종 승인을 해야 판매가 시작된다.

❶심사,신청-❷최종확인-❸심사신청의 순서대로 진행하면 된다. 여기서 최종 제출파일 검토하기 창이 나타나고, 표지와 내지의 최종 인쇄용 파일을 다운받을 수 있다.

이 단계에서도 문제가 발견되면 수정해야하기 때문에 꼭 확인해야 한다. 1차적으로 <부크크>가 검수를 마쳤지만 표지와 내지에 오탈자나 이미지가 밀리지는 않았는지, 각 페이지마다 문제가 있는지, 모든 페이지를 확인해야 한다. 각 페이지에 흐리게 시안확인용 워터마크가 들어있는 것은 정상이다.

<부크크> 자주묻는 질문 https://bookk.co.kr/community/faq

이제 최종입점 버튼을 누르면 모든 과정이 끝난다. 앞으로 주문이 들어오면 이 파일로 책을 인쇄해서 발송하게 된다. <부크크>에서는 바로 구매할 수 있고, 다른 서점에 입점되는데는 시간이 걸린다.

그동안 어려운 과정을 끝까지 마치느라 고생하셨습니다. 축하합니다. 작가님!

드디어 책을 구매할 수 있게 됐다. 교보문고나 다른 온라인 서점으로의 입점은 기다려야 하지만 승인된 시점부터 〈부크크〉에서는 바로 구입할 수 있다. **〈부크크〉-내서재**나 **〈부크크〉 서점**에서 검색해서 자신의 책을 구매할 수 있다. 주문시점에서 2~8일 내로 배송된다.

〈부크크〉에서 자신의 책을 구매하면 정가보다 저렴하게 구매할 수 있는데, 인세를 이미 제외한 가격으로 구매하기 때문이다. 작가에게 정가로 판매하고 인세로 되돌려주는 대신에 할인해서 판매한다. 인세를 빼고도 저자 구매는 좀 더 할인해준다. 로그인만 되어 있으면 어떤 경로로 검색해도 자신의 책은 할인된다.

유통, 제작/ 승인된 책은 교보문고, 예스24, 알라딘, 북센, 영풍문고를 통해서 판매된다. 모두 〈부크크〉에서 직접 제작해서 출고하는 시스템이지만, 교보문고는 자체 제작해서 출고하는 특이한 시스템이다. 아마도 교보문고에 POD플랫폼 '퍼플'이 있기 때문이 아닌가 싶다. 중요한 점은 제작의 퀄리티가 다르다는 점이다. 〈부크크〉가 직접 제작하는 곳에서 구매하는 것을 추천한다.

유통관리/ 온라인 서점에서 책을 판매를 중지할 수도 있다. ❶내서재-책을 누르면 ❷유통관리 탭에서 관리할 수 있다. 어느 특정 서점만 판매중지 할 수는 없고, ❸판매중지를 누르면 모든 서점이 판매중지된다.

판매현황/ 판매되는 책을 업로드 했으니, 어디서 얼마나 판매되는지 확인할 차례. **내서재-책**을 누르면 판매현황에서 볼 수 있다. 각 서점에서 언제 얼마나 팔렸는지 확인이 가능하다. 월간 서점 판매 수량을 보여주고, 연간 판매 합계도 보여준다. 실시간으로 업데이트되지는 않는다. 정산정보는 수익내역, 지급내역에서 보여준다.

수익, 정산/ <부크크>의 인세 비율은 도서의 종류에 따라 조금씩 다른데, 내지가 흑백인 도서의 인세 비율이 더 높다. 인세는 매달 15일에 정산되고, <부크크>내 수익은 다음 달, 다른 온라인 서점의 수익은 다다음 달에 지급된다. 정산금액이 3만 원 이상일 때는 3.3% 원천징수 후 입금 된다.

 프로 한달 여행러의 :진주 살아보기

김지혜 /1쇄

❶

| 등록정보 | **판매현황** | 유통관리 | 서점정보 |

2022년도 현황기준 ⌄

⬆ 2023.07.17 기준 현재 점검중입니다. 현재 데이터 점검중입니다. 연장하되면 해당 메시지가 사라깁니다.

	📖 부크크(A)	교보문고	YES24	알라딘	북센	기타	🌐 외부(B)	📊 총계 (A+B)	
1월	0건 0부	0건 0부	0건 0부	0건 0부	0건 0부	0건 0부	0건 0부	0건 0부	1
2월	0건 0부	0건 0부	0건 0부	0건 0부	0건 0부	0건 0부	0건 0부	0건 0부	2

　　수익,정산정보는 판매현황 외에도 수익내역, 지급내역에서도　확인할 수 있다. <부크크>의 인세 비율은 아래와 같다. 흑백도서로 만들때가 가장 인세 비율이 높다.

	<부크크>내 판매	외부서점 판매
흑백도서	35%	15%
칼라도서	15%	10%

승인 후 원고교체/ 자가출판 작가들에게 원고교체는 빈번히 일어나는 일이다. 사소한 실수를 놓치는 경우가 많기 때문이다. 책을 완성해본 경험이 없어서 사소한 실수의 위력을 모른다. 숫자 하나 때문에 폐기되는 책도 있고, 표지의 오타는 한 획만으로도 치명적일 수 있다. 실수가 없는 책은 없지만, 결정적 실수가 없는 책을 만들려면 꼭 인쇄해봐야 한다고 다시 한번 강조한다. 아무리 확인해도 원고교체가 필요한 경우가 있다. POD출간은 이때 빛을 발한다. 원고만 교체하면 언제든지 책의 오류를 수정할 수 있기 때문이다.

정기 원고 교체일/ 〈부크크〉의 원고 교체일은 보통은 2, 4번째 주 금요일이나, 홈페이지에서 확인하는 것이 정확하다. 로그인 후 홈페이지의 메인화면에서 확인할 수 있다. 이전까지 신청된 원고교체 요청을 이때 일괄 적용한다.

나의서재-교체할 책-❶등록정보- ❷파일교체를 누르면 된다.

❹원고파일 교체는 5000원의 비용이 든다. ❸결제진행을 눌러서 결제하고 파일 교체를 누르면 표지, 내지를 업로드 버튼이 나타난다. ❺표지와 내지를 업로드하고, ❻제출하기를 누르면 된다.

<부크크> 자주묻는 질문 https://bookk.co.kr/community/faq

처음 책을 등록할때와 마찬가지로 교체된 파일 역시 최종 인쇄용 파일을 확인해야 한다. 원고 교체시에는 메일로 인쇄용 파일을 보내준 다고 하니, 메일을 자주 확인해서 원고 교체일을 놓지지 않아야 한다.

1.파일교체는 늦어도 교체 당일 낮 12시전까지 교체비용 결제, 파일 접수 완료된 건에 한해서만 진행된다.

2. 승인 직후 1회(구매가 발생하지 않았으며, 승인 후 24시간 이내인 경우)는 무료로 파일 교체가 가능하다.

3. 승인 이후 파일 교체를 원하는 경우 정해진 파일 교체일에 진행 가능하다. 매달 2, 4째주 금요일에만 진행되며 교체비용 5,000원(1종 당) 결제 필요하다.

4. 교체 전 발생한 주문 건은 교체되기 전 <부크크>에서 보관중인 최종 파일로 제작 진행됩니다.

교체된 파일로 제작하고자 하는 경우 교체가 완료되었다는 메일 받은 후 구매해야한다.

파일 교체는 승인된 도서에만 해당하는 내용입니다.

<부크크> 자주묻는 질문 https://bookk.co.kr/community/faq

DAY 87 〈부크크〉에 책 등록하기

서점정보 변경

책소개 변경하기/ 책이 승인되면, 책을 만들 때는 몰랐던 실수가 하나둘 보이게 된다. 책이 승인된 이후에도 서점정보(도서정보, 도서목차, 저자 경력 소개)를 수정할 수 있다. <부크크> 이외의 온라인 서점은 시간이 걸려서 반영되지만, 책을 대변할 수 있는 문구는 서점에서 보여지는 도서정보이기 때문에 수정해주면 좋다.

나의서재-도서-❶서점정보-❷작성하기 탭에서 변경이 가능하다.

❷작성하기를 누르면, 처음 서점 정보를 입력한 것과 같은 페이지가 나온다. 한 번에 여러번 서점정보를 수정하지 않는 것이 좋다. 내용이 실시간으로 반영되지 않기 때문에 수정과정이 순차적으로 적용될 수있다. 이제 책 등록에 대한 모든 사항이 끝났다.

서점 정보변경 재신청/

여러 번의 수정을 진행하는 경우 이미 변경 요청한 내역이 있다면 해당 내용이 먼저 반영이 되고, 이후 재신청이 들어가지는 부분에 대해서 반드시 확인하시고 진행해 주시기 바랍니다.   <부크크> 자주묻는 질문 https://bookk.co.kr/community/faq

이제 책 등록에 대한 모든 사항이 끝났다.

시키는 대로 책쓰기 플래너 2

90일
종이책
작가되기

DAY **88 - 89**

DAY 88 책 정산확인

　　전자책과 <유페이퍼> 이해하기/ <유페이퍼>는 거의 독점적으로 국내의 전자책 시장을 차지하고 있는 전자책 플랫폼이었으나, 최근에 <부크크>도 전자책 유통을 시작했다.

　　전자책이 구텐베르크 프로젝트를 통해서 시작되었다면, 우리나라 전자책의 역사는 거의 <유페이퍼>와 함께 시작했다고 해도 과언이 아니다. 전자책 시장에서 독점적인 지위를 가지고 있음에도, 생각보다 성장이 더딘 전자책 시장 때문에 고전하고 있다. 전자책의 시장의 매출규모는 전체 도서의 5% 정도라고 한다.

　　전자책의 파일 형식/ 전자책은 크게 두 가지 형식의 파일로 나눠진다. PDF, Epub 두가지 형식이 있는데 Epub은 전자책에 특화된 파일이고, PDF는 전자문서 양식이다. Epub이 전자책에서는 가독성도 높고, 지원하는 여러 기능도 많지만, 제작이 까다롭다. PDF는 한글에서 바로 저장이 가능하고, 그림이 많은 전자책에 유리한 점이 있다.

PDF(Portable Document Format, 이동가능 문서형식); 어도비 시스템즈에서 개발한 전자 문서 형식으로 일반 문서 및 문자, 도형, 그림, 글꼴을 포함할 수 있다. 컴퓨터 환경에 관계없이 같은 표현을 하기 위한 목적으로 개발되었고, 장치 독립성 및 해상도 독립성을 가진다.

Epub(electronic publication)은 국제 디지털 출판 포럼(IDPF, International Digital Publishing Forum)에서 제정한 개방형 자유 전자서적 표준이다. EPUB은 자동공간조정(reflowable)이 가능하게 끔 디자인 되었다. 이는 EPUB으로 만들어진 내용을 볼 때 디스플레이하는 기계의 형식, 그기에 자동으로 최적화되어 보여술 수 있다는 뜻이다.

위키백과 https://ko.wikipedia.org/w/index.php?title=PDF&oldid=34821094
https://ko.wikipedia.org/w/index.php?title=EPUB&oldid=34775706

여기서는 PDF형식의 전자책을 만드는 방법을 소개하려고 한다. 자가출판 작가로 경험을 쌓아보니 전자책 시장의 규모가 5%라는 말이 와닿는다. 실제 판매되는 양이 종이책이 10권 팔릴 동안 전자책은 1권도 팔리기 힘들기 때문이다.

단지 5%의 판매량, 이름 없는 작가에게는 단지 몇 권의 판매를 위해서 굳이 전자책을 만들어야 하는지 의문이 들 수 있다. 그러나 전자책과 종이책은 용도가 다르다. 강사나 인플루언서처럼 자신을 홍보하는 경우에 종이책을 무료로 배포하려면 비용이 많이 든다. 전자책을 만들어두고서 강의자료로 배포하거나, 홍보하거나 특정 프로젝트 후보고용으로 책을 만든다면 전자책은 종이책보다 유용하게 된다. 많은 사람을 대상으로 홍보와 판매를 겸하고 싶다면, <블로그를 잘 운영하는 법> 같은 실용서를 써서 무료로 배포하거나, 저렴하게 판매할 수 있다. 1000원에 홍보용 책을 판매하는 것이 전자책은 가능하다. 종이나, 인쇄비가 들지 않는 전자책의 경우에는 얼마든지 1000원에 책을 판매하는 것이 가능하다.

이런 용도가 아니더라도, 우리가 만들 종이책을 조금만 수정하면 전자책을 만들 수 있기때문에 힘들게 만든 책이 좀더 많은 독자와 만날 수 있도록 전자책으로도 출간하는 것이 좋다.

전자책은 다 책일까?/ 그럼 유튜브에서 1시간 만에 전자책을 완성해서 꼬박꼬박 돈을 벌고 있는 사람들은 누구일까? 우리는 책을 쓰기 위해서 90일이나 투자하는데, 1시간 만에 책을 완성해도 문제는 없는 것일까? 결론부터 말하자면 여기서 말하는 전자책은 크몽같은 사이트에서 판매되는 전자책이다.

크몽을 검색해 보면, 크몽은 프래랜서 마켓이라는 이름으로 광고를 한다. 우리가 전자책과 종이책을 완성하면 교보문고, 알라딘 예스24에서 판매되는데, 크몽에는 판매를 하지 않는다 왜일까?

크몽은 책을 판매할 수 없다. 도서는 출판사와 서점을 통해서 유통되는데, 크몽은 출판사도 아니고 서점도 아니다. 따라서 크몽에 ISBN이 발급된 도서는 전자책이라도 판매할 수 없다. 반대로 크몽에서 판매되고 있는 전자책은 ISBN을 발급받지 않은 비도서인 것이다. 쉽게 말해 문서에 가깝다고 볼 수 있다. 때문에 크몽은 프리랜서 마켓이라는 이름으로 전자책과 컨설팅, 강의 등을 연결하기도 하고, 프리랜서 서비스를 구매할 수 있는 사이트이다.

그런데도 크몽의 전자책들은 비싼 가격에 거래되고 있다. 책과 함께 컨설팅이나 서비스도 함께 판매하기 때문이다. 대부분 실무적인 내용을 담은 경우가 많다.

전자책과 <유페이퍼> 이해하기/ 우리는 이미 완성된 종이책의 한 글파일과 표지가 있다. 전자책은 원칙적으로 Epub으로 만들어야 하지만, 간편하기 때문에 pdf로 많이 만들어지고 있다. 전자책은 <유페이퍼>와 <부크크> 두 곳에서 등록할 수 있으나, <부크크>에서 등록하는 법은 종이책 등록과 유사하기 때문에 <유페이퍼>에서 등록하는 법을 소개한다.

종이책을 전자책으로 바꾸기
1.전자책용 판권지 쓰기 - 2.표지 만들기 - 3.1쪽에 표지 삽입하기- 4.PDF변환하고, 용량 줄이기 - 5.<유페이퍼>에 등록하기
종이책을 전자책으로 바꾸는 핵심은 전자책용 표지를 만들고, 판권지를 교체해서 <유페이퍼>에 등록하는 것이다. 우리는 이미 완성된 종이책 한글파일과 표지가 있다. 이 파일을 잘 변환하여 손쉽게 전자책을 등록할 수 있다.

1. 전자책 표지만들기/ 전자책은 판형이란 것이 존재하지 않는다. 사람들이 다 다른 기기로 전자책을 보기 때문인데, 따라서 전자책은 표지도 앞표지만 있고, 사이즈도 정해져 있다. 앞표지에는 제목, 작가 출판사 세 가지 정보가 꼭 들어가야 하고, 출판사는 <유페이퍼>로 표기해야한다.
1400*2000 pixcel JPG파일로 표지를 만들면 된다.
먼저 <미리캔버스>에서 캔버스 사이즈를 1400*2000으로 지정하고, 종이책의 앞표지를 복사해서 사이즈를 맞추면 된다.

　전자책 표지는 사실 책을 구입해서 크게 확대해서 보는 사람보다는 손톱만한 썸네일로 접하는 사람이 더 많다. 썸네일로 봤을 때 제목이 식별이 가능하도록 제목을 크게 만드는 것도 좋다. 수많은 책들 사이에서 썸네일로 시선을 붙잡는 방법도 고민해 봐야 한다.

　2. 전자책 판권지 입력하기/ 종이책 판권지를 전자책 판권지로 교체해서 저장해야 한다. 270쪽의 붉은색 부분을 수정해서 작성하면 된다.

　3. 원고 맨 앞에 표지 삽입하기/ 전자책은 1쪽에 표지가 삽입되어 있어야 한다. 종이책의 표제지를 삭제하고 1쪽에 전자책 표지를 삽입하면 페이지 넘버를 수정하지 않아도 된다.

2. 전자책 판권지

프로 한달여행러의 국내여행 시리즈 1

진주 살아보기 「진주가 맛있나」 논쟁

지은이_ 김지혜
저자 이메일_ bnseoul66@gmail.com

출판사_ 〈유페이퍼〉
ECN번호_ 비워둘 것
출판일_ 2022.08.31
〈유페이퍼〉 주소_ 서울특별시 강남구 학동로2길 19, 2층
이메일_ help@upaper.net

ISBN 비워둘 것

값 10,000원

*메타버스 이프랜드 정기모임 〈90일 작가프로젝트〉를 통해 발간된 전자책입니다.

4. **전자책 용량 줄이기/** 전자책은 용량이 최대 50mb로 제한된다. pdf로 저장했을 때 용량이 크면 저장하기 팝업의 ❶도구메뉴에서 ❷ 그림저장품질을 선택해서 용량을 줄이면 된다.

5. **콘텐츠 등록/** <유페이퍼>에 회원가입 한 뒤, 메인페이지의 설정 창을 눌러 콘텐츠 등록을 통해 전자책 등록을 시작하면 된다. <유페이퍼>의 인터페이스가 낯설기는 하지만, 기본적으로 <부크크>와 등록 방법은 크게 다르지 않다. <유페이퍼>는 등록까지 2주 이상 소요된 다.

시키는 대로 책쓰기 플래너 2

90일
종이책
작가되기

90일간의 책 만들기가 끝났다. 책을 쓰고 만드는 것은 완성이 아니라 과정이다. 책을 쓰는 것, 만드는 것, 어렵지 않은데 굳은 결심이 없으면 마무리할 수 없다. 결과보다 과정이 중요하다고 말하지만, 현실에서는 언제나 결과가 중요하다. 그러나, 책쓰기는 과정이 거의 전부였다. 글을 쓰는 것, 책을 만드는 것, 시간을 내는 것 쉬운 일은 하나도 없었다. 심지어 이름 석자를 어떻게 써야 하나 고민하게 만드는 것이 책을 쓰는 과정이었다.

돌아보면, '언제 우리가 우리의 이야기를 이렇게 공들여 들여다 본 적이 있었나?', '스스로를 되짚어 본 적이 있었나?' 싶은 시간들 이었다. 그럼에도 유혹은 강렬했고, 일상은 무섭도록 제시간에 반복되었다. 그 모든 시간을 넘어 꿈을 현실로 만들었다.

내 이름으로 된 책이 있다는 것은 벅찬 일이지만, 책을 완성하기 전의 우리와 완성한 후의 우리는 같은 사람이다. 경력의 한 줄은 추가했지만, 책은 현실적인 변화를 만들지 못할지도 모른다.

그러나, 책은 작가를 가장 먼저 바꾼다. 90일 동안 해야만 했던, 내면으로의 탐색은 이전의 우리를 넘는 시야를 가져다줬다고 확신한다. 인생을 새롭게 바라보는 눈과 스스로를 이해하는 힌트를 얻었으리라 믿는다.

힘든 과정을 이겨내고 책을 완성하느라 고생하셨습니다.
출간을 축하드립니다. 작가님

축하합니다. 홀271

DAY 01 작가로 시작하기

네이버 인물정보 등록/ https://myprofile.naver.com/registerguide
네이버 인물정보에 작가로 등록할 수 있다. 네이버 인물등록 과정을 어려워하는 경향이 있는데 어렵지는 않다. 책이 등록된 네이버 도서나 온라인 서점 링크, ISBN넘버만 있으면 된다.

네이버에서 제시한 작가의 자격
출판사/인쇄사 검색시스템 (http://book.mcst.go.kr/html/main.php) 혹은 서지정보 유통지원시스템(ISBN 검색, http://seoji.nl.go.kr/index.do)에서 확인되는 출판사를 통해 해당 직업과 관련한 작품을 출간/연재/집필/번역한 경력이 확인되는 경우 (단, 수업자료 등 비매용 저작물은 경력에서 제외)

네이버 인물정보 입력란의 항목이 너무 많아서 당황하는 경향이 있는데, 필요한 정보만 입력하면 된다.

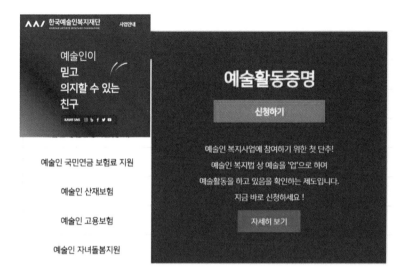

예술 활동 증명/ https://www.kawfartist.kr/

한국 예술인 복지재단에서 지원하는 예술 활동증명을 신청할 수 있다. 복지 사각지대에 놓인 예술가들의 복지를 지원하기 위해서 만든 제도이다. 예술인으로 인정받으면, 복지 혜택과 창작 지원금을 신청할 수 있다. 단, 문학 장르에 한정해서 신청할 수 있다.

예술 활동 증명을 받는데는 신청부터 승인까지 6개월에서 그 이상이 걸리기도 한다. 제출해야 하는 서류는 ISBN을 확인할 수 있는 책의 사진과 링크를 기본으로 제출해야 하고, 자료가 부실하면 자료 보완 요청이 온다. 당황하지 말고 필요한 자료를 보충해서 제출하면 된다. 예술인 활동증명은 절차가 복잡해서 귀찮을 수 있으나, 창작활동을 하는 작가가 받을 수 있는 혜택이니 신청해두자.

직업별 기준	시인.수필가 최근 5년 동안 5편 이상의 시(시조·동시 포함), 수필 작품을 문예지 등에 발표 소설가 최근 5년 동안 1편(단편은 3편) 이상의 소설(동화 포함), 평전 작품을 문예지 등에 발표 희곡작가 최근 5년 동안 1편 이상의 희곡 작품을 문예지 등에 발표 비평가 최근 5년 동안 3편 이상의 평론 작품을 문예지 등에 발표 공통 최근 5년 동안 1권 이상의 문학 작품집 출간
세부 기준	1권 국제표준자료번호(ISBN/ISSN)를 부여받은 서적 문예지 국제표준자료번호(ISBN/ISSN)가 부여된 3년 이상 결호 없이 발간된 (문학)월간지, 또는 5년 이상 결호 없이 발간된 격월간·계간·반연간 종합 문예지.잡지. 장르별 문예지, 혹은 3년 이상 된 일간지 및 30년 이상 된 문학전문 주간지 아동문학. 청소년문학 분야 신청 경우 순수 창작 저술 활동(위인전, 명작 재구성, 학습도서 미포함)이 주가 되고 교육·교양도서의 저술 활동이 그에 못 미치는 경우. 등단 여부. 교양·교육도서 기획출판 중에도 작가의 창의성이 포함된 도서의 저술 활동 등 작가의 활동을 종합적으로 확인
자료	※ 자료 제출 시 유의사항 작품정보(작품명·세부장르·작품수록면·작품분량·성격 등), 발행정보(발행처·발행일·국제표준자료번호(ISBN/ISSN) 등), 참여정보(신청자명·신청자 역할) 등이 확인되는 자료가 필요합니다.

맺음말

책을 쓰고 만드는 법은 깊고 넓은 바다와 같아서, 어디서 어디까지를 설명해야 할지 고민하면서 글을 쓰기 시작했다. 글을 쓰면서도 끊임없이 필요한 내용을 뺐다가, 넣었다가를 반복했다. 책을 만드는 이론적인 기본에 대해서 고민하는 시간이었다.

책의 구조나 인쇄용어를 어디까지 소개해야 할지, 일본어로 된 용어를 소개하지 않아서, 책 제작을 할 때 곤란을 겪지나 않을까 걱정을 하다가, 일본어로 된 단어들 사이에서 초보 작가들이 길을 잃게 하고 싶지 않았다. 책을 읽는 사람들의 머릿속을 책을 만드는 원리와 개념들로 복잡하게 하지 않고 싶다는 핑계로 책임을 방기한 것은 아닐까 걱정스러웠다.

이 책을 만드는 방법과 과정도 정확히 책에서 말한 방법대로 제작했다. <한글>과 <미리캔버스>를 이용해 만들고, <부크크>를 통해 출간했다. 독자들이 완성할 책의 샘플이 되기를 바라는 마음이었다. 종이와 폰트, 여백까지 모든 부분이 참고가 되면 좋겠다.

온갖 걱정과 염려로 만들어진 책이다. 소설, 철학 따위 어차피 못 알아들어도 되는 말들이고, 자신의 기준으로 다르게 이해한다. 그러나, 방법을 배워야 하는 책에서 설명이 어렵지나 않은지, 이해는 될지 걱정이 끊이지 않았다. 걱정의 이유는 하나였다. 누구라도 책을 쓰고 싶다면 써야 한다는 것, 포기하지 않도록 쉬운 길로 안내하는 것이었다. 끝까지 함께하면서 응원하고 싶었다.

어느 역사가가 말했다.

"역사에 이름이 남은 것은 왕과 귀족 특권 계층이었지만 역사를 만든 것은 이름 없는 사람들이었다."

보통사람의 이야기가 세상과 소통하는 기회에 조금이라도 일조하고 싶은 마음을 담았다. 삶은 기록할 때 등대처럼 빛난다.

올레비엔